Christina Buchner

Kluge Kinder fallen nicht vom Himmel

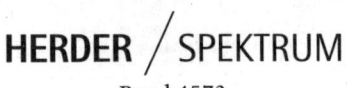

Band 4573

Das Buch

Was Kinder brauchen, um ihre Intelligenz zu entwickeln und um erfolgreich das Leben zu meistern: Es sind oft einfache Dinge, die große Wirkung haben und die Eltern ganz nebenbei tun können – und zwar von Anfang an.

Liebevoll auf die Kinder einzugehen, baut Streß ab. Eine richtige Umgebung läßt Kinder sich gut entfalten. Kinesiologische Über-Kreuz-Übungen fördern die geistige Entwicklung. Körperliche, geistige und emotionale Fähigkeiten gehören eng zusammen.

Was zu welchem Zeitpunkt wichtig und richtig ist, zeigt Christina Buchner mit vielen praktischen Beispielen, Tips und Übungen für Eltern und Kinder bis zum Grundschulalter. Wichtig bei allem ist, daß Eltern und Kinder dabei Spaß haben – denn das, was Freude macht, fällt leicht. Wenn die Kinder dann in die Schule kommen, haben sie es leichter: Emotionale und kognitive Intelligenz sind dann gut entwickelt. Christina Buchner weiß aus ihrer langjährigen Erfahrung mit Eltern und Kindern, worauf es ankommt. Denn: Kluge Kinder fallen nicht vom Himmel – wir können Kindern viel Positives mitgeben.

Die Autorin

Christina Buchner ist Lehrerin an einer Grundschule und Autorin zahlreicher Bücher.

Christina Buchner

Kluge Kinder fallen nicht vom Himmel

Was Eltern alles tun können

Herder

Freiburg · Basel · Wien

Gedruckt auf umweltfreundlichem,
chlorfrei gebleichtem Papier

Originalausgabe

3. Auflage

Alle Rechte vorbehalten – Printed in Germany
© Verlag Herder Freiburg im Breisgau 1997
Herstellung: Freiburger Graphische Betriebe 1998
Umschlaggestaltung: Joseph Pölzelbauer
Umschlagfoto: © Pictor International
ISBN 3-451-04573-7

Inhalt

Einführung 9
Eltern sind die besten Therapeuten 11
Ohne Vorbild kann es keine Nachahmung geben . 22

Am Anfang ist das Ohr 35
Hörgewohnheiten müssen frühzeitig beeinflußt
   werden 43
Hören, Horchen und Ge-Horchen 55

Förderung der Intelligenz über das Ohr:
Jetzt bist du dran! Wir werden aktiv 61
Rhythmen trainieren das Innenohr 62
Tanzen – die Fortsetzung rhythmischer Förderung . 80
Singen – ein heikles Thema 86

Mutters Sprache – Muttersprache 101
Die passive Vorstufe: Der Eindruck kommt vor
   dem Ausdruck 103
Vom Plappern zur Sprache: Ein richtiger Senkrecht-
   start 107
Geschichten und Gedichte – mehr als bloßer Zeit-
   vertreib 112
Verschiedene Aspekte der Sprache 124
Gedichte – die Edelsteine der Sprache 128

Bewegung macht klug 139
Vom Strampeln bis zum freien Gehen 141

Aufbau eines differenzierten Bewegungsvokabulars 151
Gesamtkörperkoordination 152
Übungen für das Gleichgewicht 156
Aufbauübungen: Die Koordination von Armen und
  Beinen 167
Weiteres Koordinationstraining 171

Schlußgedanken 177

Literatur 179

**Geh fleißig um mit deinen Kindern!
Habe sie Tag und Nacht um dich und liebe sie,
und laß dich lieben einzig schöne Jahre!
Denn nur den engen Traum der Kindheit sind sie dein,
nicht länger!**

Aus einem Familien-Tagebuch im Theodor-Storm-Haus
in Husum

Einführung – Kluge Kinder fallen nicht vom Himmel

Meiner Erfahrung nach sind die meisten Eltern gute Eltern. Sie wollen das Beste für ihr Kind und sind bereit, dafür Kosten und Mühen in Kauf zu nehmen.

Die Erziehung von Kindern scheint schwieriger geworden zu sein. Das ist eine Binsenweisheit. Warum das so ist, können wir vermuten, aber nicht mit letzter Sicherheit begründen. Für Eltern sind die Ursachen dieser Schwierigkeiten auch von zweitrangiger Bedeutung. Sie wollen wissen, was sie tun können. Gute Ratschläge gibt es von allen Seiten, fast schon zu viele. Das führt oft dazu, daß Eltern stark verunsichert werden und deshalb die Förderung ihrer Kinder lieber „Experten" überlassen. So kann man feststellen, daß bereits Vier- oder Fünfjährige schon mehrere feste Termine pro Woche haben: den Tenniskurs, die Reitstunde, den Kreativitätsnachmittag, die Flötenstunde, die rhythmische Früherziehung und manches andere mehr.

Angesichts des Zeitaufwands, der allein für das Chauffieren der Kinder zu den verschiedenen Kursen nötig ist, kann man eigentlich nicht sagen, die Eltern hätten keine Zeit mehr für ihre Kinder. Vielmehr hat man den Eindruck, daß sie diese Zeit auf falsche Weise „investieren".

Die „Rendite" sieht dann auch oft ganz anders aus, als man sich das vorgestellt hatte, und Mühe und Fürsorge der Eltern scheinen vergeblich gewesen zu sein.

Soll das nun heißen, daß es am besten wäre, gar nichts zu tun und alles einfach „laufen" zu lassen?

Ganz bestimmt nicht!

Wer allerdings glaubt, Kinder würden am wirkungsvollsten nach der Devise „Je mehr, desto besser!" gefördert, der irrt bestimmt.

„Kinder sind keine Fässer, die gefüllt, sondern Feuer, die entzündet werden sollen", sagte einmal ein Dichter.

Eine kleine Flamme wird nur erstickt, wenn sie wahllos mit allem möglichen zugedeckt wird.

Sie sollten deshalb Ihr Augenmerk auf einige wenige, aber grundlegende Bereiche richten, die für die Entwicklung Ihres Kindes von größter Bedeutung sind:

Musik – Sprache – Bewegung – Ernährung.

„Was soll denn das?" werden Sie sich jetzt vielleicht erstaunt fragen! Das ist doch nichts Neues!"

Betrachten wir die einzelnen Bereiche einmal genauer. Was fällt Ihnen zu „Musik" ein? Wahrscheinlich das Erlernen eines Instruments, das Singen in einem Chor, der Besuch einer rhythmischen Früherziehungsgruppe oder Vergleichbares. Und welche Gründe würden Sie für musikalische Förderung anführen? Wahrscheinlich die, daß es schön ist, wenn jemand „später" ein Instrument spielen kann, bei Aufführungen eines Chors mitwirkt oder rhythmische Grundlagen für das Tanzen bekommt.

Bei „Sprache" haben Sie vielleicht die Assoziation, daß gezielte Förderung in der Schule einmal bessere Deutschnoten bringen könnte.

Bei „Bewegung" denken Sie vielleicht daran, daß Sport heute so wichtig ist und Ihr Kind in der Lage sein soll „mitzuhalten", wenn es später vielleicht einmal einen Partner bekommt, der gerne Ski fährt oder Tennis spielt.

Und gesunde Ernährung ist wichtig für die Zähne, den Knochenaufbau und die Verdauung – das weiß doch jeder!

Aber hat Ihnen schon einmal jemand gesagt, daß die Erziehung zum genauen Hören und die Anregung des Ohrs über geeignete Musik die Intelligenz Ihres Kindes entscheidend fördern kann, weil über das Innenohr eine äußerst wirksame Stimulierung der Großhirnrinde bewirkt werden kann?

Oder wissen Sie, daß ein lustvoller und kreativer Umgang mit Sprache nicht nur im Hinblick auf spätere Schulleistungen, sondern auch für die seelische Stabilität Ihres Kindes von Bedeutung ist?

Würden Sie beim Stichwort „Bewegung" an Gehirnentwicklung, Reifung von Nervenbahnen oder Verbesserung der Konzentrationsfähigkeit denken?

Und haben Sie das Thema „Ernährung" schon einmal im Zusammenhang mit dem Auftreten von Leistungsschwankungen des Gehirns betrachtet?

Musik, Sprache und Bewegung: Das sind die Themen, die ich in diesem Buch behandeln werde.

Über Ernährung gäbe es ebenfalls einiges zu sagen, was aber den Rahmen des vorliegenden Buches sprengen würde.[1]

Vielleicht befürchten Sie nun, das sei alles sehr theoretisch und werde Sie als Eltern bestimmt überfordern.

Das Gegenteil ist der Fall. Es ist so einfach, den Alltag mit Ihren Kindern so zu gestalten, daß die „Investitionen", die Sie in Form von Zeit, Zuwendung und gezielter Förderung tätigen, auch wirklich „Gewinn" bringen, und zwar sowohl für Sie als auch für Ihr Kind.

Eltern sind die besten Therapeuten

Von einer Vorstellung sollten Sie so schnell wie möglich Abschied nehmen, nämlich von der, daß Sie als Eltern nicht kompetent genug seien, um Ihr Kind zu fördern.

Das Komplizierteste, was unser Gehirn überhaupt jemals lernen muß, nämlich das Beherrschen der Muttersprache, steht auf keinem Lehrplan. Sicher wird in der Schule das Fach Deutsch unterrichtet. Aber das, was wir Lehrer den Schülern beibringen, ist sehr bescheidenes Stückwerk im Vergleich zu dem, was Sechsjährige bereits mitbringen, wenn sie in die erste Klasse kommen.

Von wem bekommen Kinder diese ungemein anspruchsvolle Fähigkeit, sich durch Sprache auszudrücken, denn vermittelt? Von Müttern! Stellen Sie sich vor, eine Mutter hielte sich für ungeeignet, ihrem Kind etwas so Schwieriges beizubringen und würde dafür einige Stunden in der Woche einen Lehrer engagieren! Dieses Kind würde niemals sprechen lernen!

Genauso ist es mit allen anderen Bereichen, die für die geistige und seelische Entwicklung grundlegend sind. Je wichtiger etwas ist, desto weniger dürfen Sie es anderen überlassen. Denn wirklich Wichtiges kann nicht in ein oder zwei Wochenstunden trainiert werden, es muß so selbstverständlich zum Alltag mit Ihrem Kind gehören wie Essen und Schlafen!

Deshalb muß sehr genau unterschieden werden zwischen denjenigen Fähigkeiten, die das Fundament bilden für Intelligenz, emotionale Stabilität und körperliche Geschicklichkeit und einzelnen Fertigkeiten, die auf der Basis dieses Fundaments erlernt werden.

Eine Übersicht soll das an einigen Beispielen exemplarisch verdeutlichen:

Fundamentale Fähigkeit	**Einzelne Fertigkeit**
genaues Hören und tonreines Nachsingen von Tönen	*Singen eines bestimmten Liedes*
feinmotorische Geschicklichkeit	*Töpfern eines Gegenstandes Falten eines Origami-Tiers*
deutliches Sprechen	*Lernen eines Zungenbrechers*

Rhythmusgefühl	*rhythmische Begleitung eines bestimmten Liedes*
Fähigkeit zu gezielten Bewegungen	*Tennis spielen*
gut funktionierendes Gleichgewicht	*Schlittschuh laufen*
Sprachverständnis	*Verstehen einer bestimmten Erklärung*

Alles, was in dieser Übersicht auf der rechten Seite steht, kann Ihr Kind auch außerhalb des Elternhauses vermittelt bekommen. In Ihrer Verantwortung liegt es jedoch, Ihrem Kind die grundlegenden Fähigkeiten mit auf den Weg zu geben, die in der linken Spalte aufgeführt sind.

Wie wichtig die Rolle der Eltern bei der Förderung von Kindern ist, hat vor vielen Jahren schon der Gehirnchirurg Dr. Temple Fay erkannt. Er hat nach dem Krieg große Erfolge in der Arbeit mit gehirngeschädigten Kindern erzielt, für deren Therapie er die Eltern einsetzte. Sein Mitarbeiter Glenn Doman[2] schreibt:

Eltern sind nicht das Problem – Eltern sind die Antwort!

In diesem kurzen Satz faßt er vieles zusammen, was das Selbstbewußtsein aller Eltern stärken kann, gleichgültig, ob ihr Kind nun „pflegeleicht", problematisch oder sogar schwer gestört ist:

Glenn Doman vertritt folgende Ansichten:

- Niemand kennt ein Kind besser als seine Eltern, vor allem die Mutter.
- Wenn Störungen in der kindlichen Entwicklung auftreten, bemerkt das die Mutter lange, bevor Experten davon Kenntnis nehmen.
- Niemand kann ein Kind wirkungsvoller fördern als seine Eltern.

- Niemand kann ein Kind wirkungsvoller zu Leistungen motivieren als die Eltern.

Lassen Sie mich diese Behauptungen der Reihe nach etwas genauer ausführen.

Niemand kennt ein Kind besser als seine Eltern, vor allem die Mutter

Menschen, die keine Kinder haben, meinen vielleicht, Säuglinge seien langweilig! Jede Mutter weiß das besser: Es gibt nichts Spannenderes, als sich mit einem Neugeborenen zu beschäftigen. Nach der Geburt meiner Tochter konnte ich es kaum erwarten, endlich nach Hause zu dürfen, um sie ganz allein für mich zu haben. Jeder kleinste Entwicklungsfortschritt wurde aufmerksam registriert und freudig begrüßt. Je älter sie wurde, desto mehr begann sie, ihre persönlichen Eigenarten und Charaktermerkmale auszubilden. So hatte sie zum Beispiel, wenn sie wütend war, eine ganz bestimmte Art, die Arme energisch über der Brust zu verschränken und heftig durch die Nase zu atmen. Wir nannten das liebevoll: Maxi schnaubt.

Eltern, die sich aufmerksam mit ihrem Kind beschäftigen – vor allem Mütter – sehen vieles, was niemand sonst wahrnimmt. Sie wissen genauer als andere Menschen, wodurch es eingeschüchtert, ermutigt, beängstigt oder erfreut werden kann.

Dieses Wissen der Eltern kommt mir als Expertin in Sachen „Schule und Lernen" oft zugute: Ich erfahre von ihnen so manches über ihre Kinder, was mir hilft, besser mit ihnen umzugehen, gerade wenn Lern- und Verhaltensprobleme vorliegen.

Nun bin ich als Lehrerin ohnehin sehr häufig – nämlich täglich – und auch jeweils für geraume Zeit mit den von mir betreuten Schülern zusammen, und dennoch kann ich sie nicht annähernd so gut kennenlernen wie die eigene Mutter. Das leuchtet auch jedem ein. Die Schlußfolgerung, die sich daraus ergibt, lautet:

Der beste Experte für ein Kind sind die eigenen Eltern.

Das kann gar nicht oft und eindringlich genug gesagt werden: Nicht der Kinderarzt, die Lehrerin, die Kindergärtnerin oder die Leiterin der Frühfördergruppe verstehen am meisten von Sabine, sondern Sabines Mutter.

Lehrer und Kinderärzte mögen durchaus „Kinder-Experten" sein, aber „Hansi-Expertin" ist Hansis Mutter und „Sabine-Expertin" ist Sabines Mutter. Alle qualifizierten Fachleute wissen das und nehmen deshalb die Meinung einer Mutter über ihr Kind ernst.

Vielleicht neigen Sie zu der Auffassung, die auch von Fachleuten manchmal vertreten wird, daß Eltern nicht objektiv genug seien, um der Realität „ins Auge zu schauen".

In meiner langjährigen Praxis habe ich Hunderte von Elterngesprächen geführt, und es ging dabei durchaus auch um heikle und unbequeme Themen. Ich habe so gut wie immer die Erfahrung gemacht, daß Eltern die Schwächen ihrer Kinder sehr klar sehen und auch zugeben. Freilich ist es wichtig, daß wir Fachleute nicht besserwisserisch auftreten und so tun, als seien wir in der Lage, jedes Problem auf Anhieb zu lösen. Wenn für alles, was an einem Kind „nicht stimmt", sofort den Eltern die Schuld in die Schuhe geschoben wird, ist es ganz natürlich, daß sie abblocken und keine Informationen mehr preisgeben wollen.

Sicher gibt es auch Eltern, die die Augen vor unbequemen Tatsachen verschließen, aber sie sind meiner Erfahrung nach äußerst selten.

Sie dürfen also getrost daran glauben, daß Sie ein Experte sind, und zwar der Experte für Ihr eigenes Kind!

Wenn Störungen in der kindlichen Entwicklung auftreten, bemerkt das die Mutter lange, bevor Experten davon Kenntnis nehmen

Bei uns gibt es das System der Vorsorgeuntersuchungen, das vom ersten Test gleich nach der Geburt bis zur abschließenden Untersuchung im Alter von ca. fünf Jahren reicht. Der Kinderarzt sieht sich das Kind an, begutachtet körperliche Entwicklung, Verhalten und Reaktionen anhand einer Checkliste und trägt das Ergebnis dann in das Untersuchungsheft ein.

Es ist erstaunlich, wie viele Kinder, bei denen sich später irgendwelche Störungen – zum Teil sogar ziemlich gravierende! – herausstellen, zunächst einmal als unauffällig „durch die Maschen rutschen".

Das ist auch verständlich und sollte den Fachleuten nicht angelastet werden. Im Rahmen einer viertelstündigen Untersuchung kann vieles gar nicht offenkundig werden, was jemandem, der ein Kind Tag und Nacht um sich hat, einfach auffallen muß.

So entgehen uns Lehrern zum Beispiel oft Schwierigkeiten, die ein Kind mit bestimmten Aufgaben hat, weil wir selbst dann, wenn wir qualifizierte Fachleute sind, bei 30 Schülern unsere Augen nicht immer überall haben können und weil wir eben auch – noch einmal sei es gesagt – ein Kind nicht annähernd so gut kennen, wie seine Mutter das tut.

Ich bitte die Eltern deshalb immer, es mir sofort mitzuteilen, wenn sie das Gefühl haben, irgend etwas „stimme nicht". Viele kleine Probleme können durch gezielte Förderung beseitigt werden, bevor sie sich zu ernsthaften Störungen auswachsen.

Eltern sehen mehr. Genauso, wie jedes Kind seine charakterlichen Eigenarten besitzt, hat es auch besondere Vorlieben und Abneigungen. Oft werden bestimmte Tätigkeiten deshalb vermieden, weil sie besonders schwerfallen.

Schauen Sie genau und bewußt hin, dann erkennen Sie, in welchen Bereichen Ihr Kind besondere Förderung braucht.

Mag es nicht malen, singen, balancieren?

Dann lassen Sie sich nicht einreden, das sei ohne Belang. All das bedeutet für die Intelligenzentwicklung sehr viel, und Sie werden in diesem Buch einiges darüber erfahren.

Sie selbst können am sichersten beurteilen, was not tut.

Wie wichtig die Meinung der Eltern ist, soll folgende Geschichte zeigen, die Glenn Doman erzählt. Sie handelt davon, wie die Mutter eines von Geburt an schwer hirngeschädigten Kindes größte Mühe hat, andere von dieser Störung zu überzeugen.

Kommt es Ihnen seltsam vor, daß ich in einem Buch über die Förderung normaler, gesunder Kinder diesen Abschnitt zitiere, der von so gravierenden Störungen handelt?

Ich finde, wir können von Extremfällen sehr viel für unsere ganz gewöhnlichen, alltäglichen Probleme lernen, denn an diesen Extremfällen sehen wir alles entschieden deutlicher. Dabei geht es mir nicht darum, Ihr Vertrauen in Fachleute zu erschüttern, ganz im Gegenteil. Wir müssen sehr froh sein, daß es sie gibt. Aber wir dürfen nicht glauben, es genüge, mit unserem Kind alle möglichen Experten zu konsultieren, und dann sei eine optimale Entwicklung schon garantiert.

Deshalb ist das, was Glenn Doman berichtet, für alle Eltern aufschlußreich:

„Als das Kind drei Monate alt ist, sagt die Mutter: ‚Herr Doktor, irgend etwas stimmt nicht mit meinem Baby.‘ Und der Arzt antwortet: ‚Alle Mütter glauben das.‘ Als das Kind sechs Monate alt ist, sagt die Mutter: ‚Herr Doktor, bei meinem Kind stimmt wirklich etwas nicht.‘ Und dieser sagt: ‚Man kann Babys nicht miteinander vergleichen. Jedes ist anders.‘ Als es neun Monate ist, hat die Stimme der Mutter einen schrillen, leicht hysterischen Klang,

nicht weil sie weiß, daß sie ein krankes Kind hat, sondern weil niemand auf sie hört. Und sie sagt: ‚Herr Doktor, mit meinem Kind stimmt etwas nicht!' Und er antwortet: ‚Es ist ein Spätentwickler, das holt er wieder auf.' Als es achtzehn Monate alt ist, sagt die Mutter (jetzt ganz ruhig, sie hat einen Entschluß gefaßt): ‚Herr Doktor, werden Sie nun etwas mit meinem Kind tun, oder soll ich zu einem anderen Arzt gehen?' Und an einem solchen Tag entdeckt der Arzt, daß das Kind schwer hirnverletzt ist. Und dann geschieht etwas Erstaunliches. Er sagt: ‚Es ist nicht nur etwas nicht in Ordnung mit Ihrem Kind, es ist ein hoffnungsloser Fall.'

Die Frage ist nun: Was hat sich eigentlich an jenem Tag geändert? Wurde wirklich von einem Tag auf den anderen ein gesundes Baby ein hoffnungsloser Fall? Hat sich die Mutter geändert? Wohl kaum, sie hatte genau das ja schon lange gesagt. Nur eines änderte sich an jenem Tag: die Meinung des Experten. Und dann sagen diese so emotional engagierten, einfältigen Mütter etwas Interessantes, sie sagen: ‚Herr Doktor, seit achtzehn Monaten sage ich Ihnen, daß etwas nicht stimmt, und Sie haben mir nicht geglaubt. Nun sagen Sie, das Kind wäre ein hoffnungsloser Fall – und ich sage Ihnen, auch das stimmt nicht!'"[3]

In diesem Buch geht es nicht um Kinder mit angeborenen schweren Störungen. Es geht um ganz normale Kinder. Doch da es inzwischen der Normalfall ist, daß in den Bereichen Lernen und Verhalten Probleme auftreten, soll dieser Aspekt hier auch angesprochen werden.

Denn gerade im Vorschulalter können manche Defizite auf so einfache Weise behoben oder zumindest deutlich verringert werden, daß es fast unverzeihlich ist, diesen Zeitraum ungenutzt verstreichen zu lassen. Doch um Defizite zu beheben, muß man sie vorher als solche erkannt haben.

Sie als Eltern sind hier am wichtigsten. Deshalb möchte ich noch einmal betonen: Schauen Sie Ihre Kinder bewußt an und haben Sie als „Hansi- oder Sabine-Experten" Vertrauen in Ihre eigene Urteilsfähigkeit!

Niemand kann ein Kind wirkungsvoller fördern als seine Eltern

Glenn Doman berichtet, er habe in seiner Arbeit mit hirngeschädigten Kindern die Erfahrung gemacht, daß Eltern nur genau wissen müssen, was sie tun sollen und warum. Wenn ihnen das richtig erklärt werde, seien sie als Therapeuten wesentlich erfolgreicher als die Fachleute.

„Natürlich wird er (der Vater, Anmerkung von Chr. Buchner) das Programm nie so gekonnt durchführen wie ich, ganz einfach deshalb, weil ich es schon zehnmal öfter getan habe als er. Das bedeutet aber noch lange nicht, daß er nicht seine Tochter Mary besser behandeln kann als ich. Er ist eben der Vater, nicht ich. Relativ kompetent und Vater zu sein ist eine sehr viel wirksamere Kombination, als außerordentlich kompetent und nicht der Vater zu sein. Ich kann ihn relativ kompetent machen, aber er kann mich nicht zu ihrem Vater machen, auch nicht ein bißchen. Was für die Väter gilt, gilt noch mehr für die Mütter."[4]

Wenn Eltern schon bei der Behandlung schwerer Störungen so erfolgreich sind, um wieviel mehr müssen sie dann erst bei der Förderung gesunder und normal entwickelter Kinder erreichen können, **wenn sie wissen, was sie tun müssen und warum**!

Ich bin fest davon überzeugt, daß nicht mangelndes Interesse der Eltern der Grund dafür ist, daß heutzutage immer mehr Kinder eingeschult werden, denen die grundlegenden Fähigkeiten für erfolgreiches Lernen fehlen:

Interesse, Leistungsbereitschaft, Konzentrationsfähigkeit, Ausdauer.

Vielmehr glaube ich, daß Eltern oft nicht wissen, worauf es ankommt oder durch gegensätzliche Informationen verunsichert werden und deshalb dazu neigen, das Falsche oder auch zuviel des Guten zu tun.

Kinder wirkungsvoll zu fördern ist mit einfachen Mitteln, ohne zusätzliche Kosten und ohne großartigen Zeitaufwand möglich. Niemand kann das besser als die eigenen Eltern. Sie haben dabei die Schlüsselrolle und auch die Verantwortung für Ihr Kind.

Niemand kann ein Kind wirkungsvoller zu Leistungen motivieren als die Eltern

In der Lehrerausbildung spukt immer noch die Auffassung herum, man müsse Schüler vor jeder Unterrichtsstunde durch irgendeinen „Dreh" motivieren, dann seien sie bereit, etwas zu leisten.

Obwohl mit dieser Art von Motivation kein Erfolg erzielt wird, läßt sie sich nicht ausrotten. Vorurteile sind mächtig, und daß Motivation etwas Wichtiges für die Leistungsbereitschaft ist, weiß doch schließlich jeder!

Das Mißverständnis besteht meiner Meinung nach in einer unlogischen Verdrehung von Ursache und Wirkung.

Wir müssen nur überlegen, wie das bei uns selbst ist.

Was bewegt uns dazu, Dinge zu tun?

Mir fallen da einige Gründe ein:

1. Ich will etwas Bestimmtes lernen oder können.
2. Ich muß etwas tun, weil es zu meinen beruflichen oder familiären Pflichten gehört.
3. Ich tue etwas gern, weil es mir Spaß macht, weil ich es gut kann, weil ich damit Erfolg habe.

Meiner Erfahrung nach bildet der Wunsch, Erfolg zu haben, für Kinder eine unglaublich starke Motivation.

Auf negative Weise zeigen uns das die vielen Kinder, die ihre Identität dadurch gewinnen, daß sie in Schulklassen den Kasper für alle spielen oder sonst auf irgendeine Weise störend auffallen. Sie sehen keine andere Möglichkeit mehr, sich ihr Quantum an Erfolg zu holen, als auf diese destruktive Art. Die erzwungene Aufmerksamkeit und das Gelächter der Klassenkameraden stellen dann ihre Belohnung dar.

Kinder, denen es möglich ist, auf positive Weise Erfolg zu haben, müssen nicht auf die Variante der Verhaltensstörung ausweichen.

Die Menschen, deren Anerkennung für ein Kind am meisten bedeutet, sind die Eltern. Wenn Sie sich von den Fortschritten Ihres Kindes begeistert zeigen, werden Sie es anspornen, etwas zu leisten. Mir fällt immer wieder auf, daß Eltern die Meßlatte viel zu hoch anlegen und oft meinen: Das ist doch nichts Besonderes!

Natürlich ist es für uns Erwachsene eine Kleinigkeit, auf einem Bein zu hüpfen, ohne Kleckern zu essen und unsere Jacke zuzuknöpfen. Für ein Kind markieren derlei Leistungen jedoch wichtige Entwicklungsschritte und sollten deshalb keinesfalls geringgeschätzt werden.

Freuen Sie sich über die Fortschritte Ihres Kindes und zeigen Sie diese Freude: Umarmen Sie Ihr Kind, schwenken Sie es durch die Luft, jubeln Sie, seien Sie fröhlich mit ihm, wenn es etwas Großartiges vollbracht hat.

Und falls Sie das übertrieben finden, stellen Sie sich vor, wie Sie reagieren würden, wenn Sie sechs Richtige im Lotto hätten!

Ein Kind, das sich prächtig entwickelt, ist etwas viel Schöneres als ein Lottogewinn. Warum sollte man sich dann nicht mindestens genauso darüber freuen?

Wie auch immer Sie das sehen mögen, eine Tatsache bleibt bestehen: Ein Erfolg gebiert den nächsten.

Hat Ihr Kind mit seinen Leistungen bei Ihnen Erfolg, findet es Anerkennung, dann wird es motiviert sein, mehr von dieser wunderbaren Sache „Erfolg" zu bekommen. Also wird es genau das tun, was dafür nötig ist: Es wird sein Bestes geben.

Ich sehe es in der Schule immer wieder, und auch im Berufsleben kann man es beobachten: Ist ein Mensch erst einmal auf dem „Erfolgstrip", kann er davon so leicht nicht wieder abgebracht werden. Viele Kinder kommen jedoch in die Schule und haben noch keine Ahnung davon, wie wunderbar es ist, Erfolg zu haben. Was soll sie also zu Arbeit und Leistungen motivieren? Mir als Lehrerin ist diese Problematik bewußt, und ich versuche alles, um möglichst vielen Kindern Erfolgserlebnisse zu verschaffen.

So gut wie die Eltern kann ich diesen Job allerdings nicht erledigen!

Deshalb ist es so schade, wenn die ersten Lebensjahre nicht dafür genutzt werden, Motivation aufzubauen.

Ihr Kind braucht Erfolge! Nur dann ist es bereit, die Anstrengungen des Lernens auf sich zu nehmen.

Sie als Eltern sind die wichtigsten Menschen im Leben Ihres Kindes. Ihre Anerkennung zählt am meisten. Gehen Sie großzügig damit um! Diese „Investition" lohnt sich bestimmt!

Ohne Vorbild kann es keine Nachahmung geben

Intelligenz ist erstrebenswert. Das wird kaum jemand abstreiten. Denken ist dafür von Nutzen. Auch das leuchtet ein.

Vor einiger Zeit wurde ich von einem jungen Vater gefragt: „Was kann ich tun, damit mein Kind Freude am Denken hat?"

Ich fragte zurück: „Denken Sie selber gern?" Die Reaktion auf diese Frage war deutlich. Er schüttelte sich, als habe er in eine Zitrone gebissen und verneinte entschieden.

„Dann können Sie das bei Ihrem Kind vergessen", war meine Antwort. „Vielleicht kommt es durch einen glücklichen Zufall drauf, daß Denken Spaß macht, aber die Chancen stehen schlecht." Eltern, denen Denken keinen Spaß macht, haben sehr oft Kinder, denen Denken keinen Spaß macht. Man sollte nun nicht den voreiligen Schluß ziehen, so etwas vererbe sich. Es ist vielmehr das Vorbild, das prägend wirkt.

Genauso, wie Kinder in ihrem Tun bestärkt werden, wenn sie damit Erfolg haben, wollen sie auch gerne das nachahmen, was sie bei ihren Eltern sehen.

Niemand anderer als die Eltern übt eine so wirkungsvolle Vorbildfunktion auf das Kind aus. Wer täglich einige Stunden vor dem Fernseher verbringt, sollte sich nicht wundern, wenn seine Kinder fernsehsüchtig werden. Wer nie ein Buch liest, kann das von seinen Kindern nicht erwarten.

Diese Erkenntnis mag vielleicht unbequem sein. Andererseits zeigt sie uns auch, wie einfach es ist, Kinder zu den vielen intelligenzfördernden Tätigkeiten zu verlocken, die es gibt: **Wir müssen sie ihnen einfach vormachen!**

Und wenn wir der Meinung sind, wir könnten etwas nicht, das wir für unser Kind wichtig finden, dann müssen wir es eben lernen!

Singen ist dafür ein gutes Beispiel. Ich werde im Kapitel über das Gehör begründen, warum es für unser Gehirn so nützlich ist, wenn wir singen. Nun meinen unseligerweise sehr viele Menschen, sie seien hierfür völlig unbegabt und könnten das nicht.

Es ist fast unglaublich, was von erwachsenen Menschen alles an Ausflüchten benutzt wird, damit sie sich vor dem Singen drücken können. Ich weiß das deshalb so genau, weil ich dieses Thema bei meinen Elternabenden immer anschneide und dann die ganze Skala der Abwehrreaktionen studieren kann.

Dabei ist es völlig risikolos, in einer Gruppe mitzusingen. Was kann schon passieren? Bestenfalls das, daß wir die Töne auf Anhieb nicht richtig treffen!

Singen und Tanzen sind bei vielen Erwachsenen geradezu traumatisierte Bereiche. Trifft das auch für Sie zu, sollten Sie sich überlegen, ob Sie es sich selbst erlauben, hier aus Feigheit einfach zu „kneifen". In diesem Fall versäumen Sie eine sehr wirkungsvolle Fördermöglichkeit für Ihr Kind und liefern ihm unbewußt auch ein Verhaltensmuster für den Umgang mit Anforderungen.

Würden wir bei unseren Kindern die Ausrede „Das kann ich nicht!" ohne weiteres gelten lassen, wenn es um etwas geht, das wir für wichtig halten? Und ist das Risiko, das Erstkläßler in der neuen Umgebung „Schule" eingehen, wenn sie sich zu Wort melden, subjektiv nicht sehr viel größer?

Dennoch erwarten wir von ihnen, daß sie in der Schule mitarbeiten, sich melden und auch an neue, ungewohnte Aufgaben herangehen, ohne sich zu zieren!

Ich will Sie hier nicht mit Gewalt zum Singen und Tanzen überreden, sondern Ihnen vor Augen führen, wie wichtig Ihr Beispiel für Ihr Kind ist.

All das, was für die Entwicklung Ihres Kindes wichtig ist, sollte Ihnen selbst Freude machen. Nur dann wird der Funke überspringen und auch Ihr Kind daran Gefallen finden.

Das ist so wie in der Schule: Lehrer, denen ihr eigener Unterricht nicht gefällt, haben im Regelfall auch keine motivierten Schüler. Natürlich gibt es immer Ausnahmen, und so finden sich selbst beim schlechtesten Lehrer Schüler, die gut lernen. Ebenso gibt es Kinder, die etwas von sich aus gerne tun, ohne das bei ihren Eltern gesehen zu haben. Aber es ist viel wahrscheinlicher, daß es anders ist: Was die Eltern wichtig finden, werden – zumindest in den ersten zehn Lebensjahren – auch die Kinder eher schätzen.

Welche grundlegenden Fähigkeiten sollen Sie nun Ihren Kindern in der Vorschulzeit vermitteln?

Für die Beantwortung dieser Frage greife ich auf meine Erfahrungen als Lehrerin zurück.

Wenn ich vor meinem geistigen Auge diejenigen Schüler Revue passieren lasse, die weder beim Lernen noch im Umgang mit ihren Mitschülern noch mit ihrer eigenen Persönlichkeit Probleme haben, so fällt mir auf, daß ihnen allen gewisse Fähigkeiten gemeinsam sind.

Sie können:
singen, einen vorgegebenen Rhythmus richtig nachklatschen, sich beim Tanzen rhythmisch bewegen, eine Sequenz von Bewegungen richtig nachmachen, einfache Reime leicht behalten, mit geschlossenen Augen Geräusche richtig „orten", laut, betont und deutlich sprechen, sich schwungvoll bewegen, sich langsam und bewußt bewegen, in einer Bewegung auf ein Signal hin innehalten, eine einfache Geschichte verständlich nacherzählen, detailliert und farbenfreudig malen, bei gemeinsamen Spielen die Regeln einhalten, bei einfachen Meditationen die Muskeln entspannt loslassen und die Augen schließen.

Ich habe noch nie einen Schüler erlebt, der all diese Fähigkeiten hatte und dann in der Schule versagte.

Dabei ist es wohlgemerkt die Gesamtheit dieser Merkmale, die meiner Erfahrung nach den erfolgreichen und psychisch stabilen Schüler auszeichnet.

Nach allem, was ich bisher über Ihre Bedeutung als Eltern gesagt habe, drängt sich Ihnen nun wahrscheinlich nicht mehr der Gedanke auf, sie müßten Ihre Kinder unbedingt in der Vorschulzeit schon zur rhythmischen Erziehung in die Frühfördergruppe, zur Gesangsausbildung in den Kinderchor, zur kreativen Förderung in eine Malgruppe schicken usw.

Vielmehr wissen Sie bereits:

Der beste Lehrer für Ihr Kind sind Sie selbst!

Denn wie beim Erlernen der Muttersprache ist es auch beim Erwerb der vielen anderen Fähigkeiten, die darüber entscheiden, ob Ihr Kind einmal gerne und erfolgreich lernen wird oder nicht:

Sie müssen im Alltag trainiert werden, lustvoll, leicht, „ganz nebenbei" und immer wieder.

Einmal pro Woche rhythmische Frühförderung nützt gar nichts, wenn Sie zu Hause mit Ihrem Kind weder singen noch tanzen oder einfache Rhythmen klatschen und stampfen!

Ein Kind, das zu Hause nie jemanden lesen sieht und dem auch niemand vorliest, wird mit sehr viel geringerer Wahrscheinlichkeit später selbst ein begeisterter Leser werden als eines, das Bücher von klein auf als schön und unterhaltsam erlebt.

Ihr Kind wird nur das mit Freude machen, was Sie als Eltern ihm mit Freude zeigen.

Die außergewöhnlichen Erfolge, die mit der japanischen „Suzuki-Methode" erzielt werden, beruhen genau auf diesem Ansatz: Bereits zweijährige Kinder spielen Geige. Sie lernen die Anfangsgründe aber nicht in der Musikstunde von Fachleuten, sondern von ihren Müttern.

Und wer geht zunächst einmal in die Musikstunde zum Geigenlehrer? Das sind die Mütter! Sie lernen etwas und geben es dann an ihre Kinder weiter. Die Freude der Mutter, die Begeisterung über die Fortschritte des Kindes, der Wunsch, das, was die Mutter offensichtlich gerne macht, auch zu können: Das sind die Triebfedern, die diese kleinen Kinder anregen, mit Eifer etwas so Kompliziertes wie das Geigenspiel zu erlernen.

Es mag zwar einerseits unbequem sein, die Erkenntnis

zuzulassen, daß es zu einem großen Teil an den Eltern liegt, welche Interessen und Fähigkeiten ein Kind später einmal haben wird.

Andererseits macht das die Sache auch wieder sehr einfach: Wir müssen uns nur mit all den Tätigkeiten anfreunden, die für die Entwicklung von Geist und Seele so wichtig sind und sie erst einmal selbst mit Freude ausüben.

Darin liegt auch eine Entwicklungschance für die Eltern! Es kommt ja nicht von ungefähr, daß in vielen Erwachsenen die Freude an so einfachen und elementaren Dingen wie dem Singen, Tanzen, Malen, Theaterspielen, Geschichtenerzählen, Wasserplanschen oder Bäumeklettern buchstäblich verschüttet ist! Wir sind ebenfalls ein Produkt von Erziehung, Umwelt und Lebenserfahrung. Mit Kindern zusammen ein Stück Kindheit wiederentdecken bedeutet nicht nur Anstrengung, Arbeit und Zeitaufwand! Wenn Sie erst einmal einige Schritte in diese Richtung getan haben, werden Sie wahrscheinlich feststellen, daß es auch Ihrer Seele guttut, daß es Ihnen „etwas bringt", Freude macht und darüber hinaus noch die emotionale Beziehung zu Ihrem Kind inniger gestaltet!

Allerdings: „Vor den Erfolg haben die Götter den Schweiß gesetzt!", heißt es so schön. Deshalb müssen Sie zuerst einmal „in die Materie einsteigen" – vielleicht sogar über Ihren Schatten springen – und sich selbst mit all dem beschäftigen, was Sie später Ihrem Kind vermitteln wollen.

Erst lernen die Eltern, dann die Kinder

Ich weiß nicht, wie es Ihnen geht, aber ich lerne gern! Ich mag es, wenn ich plötzlich etwas kann, das mir vorher Schwierigkeiten bereitet hat oder sogar gänzlich fremd war. Über diese Eigenschaft bin ich sehr froh, denn sie erleichtert mir vieles. Ist es für Menschen meiner Generation – ich bin 1948 geboren – schon sehr wichtig, mit der

Tätigkeit „Lernen" nicht auf Kriegsfuß zu stehen, so wird es für Ihre Kinder geradezu unumgänglich notwendig sein, daß sie bereit sind, ein Leben lang zu lernen. Unsere Lebens- und Arbeitsbedingungen ändern sich mittlerweile so rasch, daß es völlig unmöglich ist, mit dem, was wir einmal als Kinder gelernt haben, „für immer" auszukommen.

Die Abschreckung, die für viele Menschen von dem Wort „Lernen" ausgeht, hat sicher zum Teil damit zu tun, daß darunter sehr einseitig all das verstanden wird, was wir einst in der Schule machten.

Die wichtigsten Fähigkeiten – nämlich diejenigen, die uns Schulerfolg überhaupt ermöglichen – erwerben wir jedoch nicht in der Schule. Das wurde im vorigen Abschnitt bereits deutlich.

Wir können deshalb Lernen sehr viel großzügiger definieren:

Es ist all das, was zwischen Zustand A und Zustand B liegt, wobei A bedeuten soll: „Ich kann irgend etwas nicht" und B: „Jetzt kann ich es."
Dieses „Irgend-Etwas" kann sehr vieles sein:
das Kochen eines bestimmten Gerichtes,
das Bedienen einer Küchenmaschine,
das Stricken von Socken,
das Falten einer Origami-Blume,
das Wickeln eines Säuglings,
das Jonglieren,
das Singen eines Liedes usw.

Die Liste ließe sich beliebig verlängern. Doch ist bereits an diesen wenigen Beispielen zu sehen, was ich sagen möchte: Lernen macht unseren Alltag nicht nur effektiver (Kochen, Stricken, Säuglingspflege), sondern auch schöner (Jonglieren, Singen, Blumenfalten).

Wir sollten es also nicht einseitig als schulische Arbeit, sondern in seiner ganzen Bedeutung sehen. Diese bewußte

Entkoppelung von Schule und Lernen halte ich deshalb für so notwendig, weil viele Menschen ihre Schulzeit in gar nicht angenehmer Erinnerung haben. Daß dann allein das Wort „Lernen" – wenn es automatisch mit Schule in Verbindung gebracht wird – auf Widerstände stößt, ist verständlich.

Also: Vergessen Sie die Schule! Wir lernen hier andere und viel wichtigere Dinge!

Ich möchte Ihnen an einigen Beispielen aufzeigen, was ich mit der Forderung „Erst müssen die Eltern lernen!" meine.

Dabei ist zu unterscheiden zwischen Bereichen, in denen dieses „Lernen" einfach dadurch erledigt werden kann, daß Sie sich über etwas informieren und solchen, in denen mehr von Ihnen gefordert wird, nämlich das aktive Üben oder vielleicht sogar das Besuchen eines Kurses oder einiger „Nachhilfestunden" bei einem Fachmann.

Beginnen wir diplomatisch mit einem Thema, das Ihnen bestimmt keinen Streß bereitet und zu dem Sie auf alle Fälle durch Selbststudium, ohne fremde Hilfe, etwas „lernen" können: mit Vorlesen und Erzählen.

Als Vorleser und Geschichtenerzähler sind wir dann erfolgreich, wenn wir selbst Spaß daran haben. Deshalb sollten Sie die ersten Kinderbücher unbedingt danach auswählen, was **Ihnen** gefällt. Bei allem, was Sie tun, „senden" Sie ja nicht nur bewußte, sondern auch unbewußte Botschaften, die besonders wirksam sind. Amüsieren Sie sich beim Vorlesen oder sind Sie von einer Geschichte ergriffen, ist das zu spüren. Dann wird auf der bewußten Ebene der Inhalt der Geschichte an Ihr Kind übermittelt und auf der unbewußten Ebene die Botschaft: „Das, was ich dir hier vorlese, ist auch für mich von Bedeutung!" oder allgemein ausgedrückt: „Lesen ist wichtig!"

Es ist natürlich Geschmackssache, was jemand bevorzugt, aber für mich ist alles, was Astrid Lindgren geschrieben hat, unübertroffen. Ich habe die Bücher über „Michel aus Lönneberga" und die „Kinder aus der Krachmacherstraße" meiner Tochter schon sehr früh und immer wieder vorgelesen. Dabei mußte ich mitunter selbst so sehr lachen, daß mir die Tränen über die Wangen liefen. Diese frühkindliche Prägung wirkt bei meiner – inzwischen erwachsenen – Tochter heute noch fort: Sie liebt diese Geschichten über alles und liest gelegentlich in ihren alten Kinderbüchern.

Auch die wunderschön illustrierten Bücher von Beatrix Potter kann ich besonders empfehlen. Sie sind mittlerweile alle in deutschen Ausgaben erhältlich. Als meine Tochter klein war, brachte ich die ersten Exemplare aus England mit. „The story of the two bad mice" (Die Geschichte von den zwei schlimmen Mäusen) lernte sie mit zweieinhalb Jahren kennen. Sie gehört immer noch zu ihren Lieblingsgeschichten.

Lesen Sie selbst zuerst Kinderbücher und finden Sie heraus, was Ihnen Freude macht! Dann ist es wirklich ein „Kinderspiel", Ihr Kind dafür zu begeistern!

Das gleiche gilt für das Erzählen von Geschichten: Kaufen Sie sich die Erwachsenen-Ausgabe der Grimmschen Märchen, und lesen Sie erst einmal selbst! Sie werden erstaunt sein, was es außer „Rotkäppchen" und „Dornröschen" noch alles gibt!

Das „Lernen" von Kinderbüchern und Geschichten sollte also vor dem Vorlesen und Erzählen kommen. Es wird Ihnen nur wenig Mühe machen und höchstwahrscheinlich selbst so gefallen, daß Sie den Zweck fast aus den Augen verlieren und „nur so", zu Ihrem eigenen Vergnügen, lesen.

Anders ist es – befürchte ich! – bei allem, was mit Tanzen, Singen und Rhythmus zu tun hat.

Wenn Sie wie so viele Menschen auch der Meinung sind, das alles sei „nichts für Sie", dann können Sie Ihre ersten Versuche mit dem freien Tanzen ja machen, wenn Sie allein zu Hause sind.

Legen Sie sich eine Platte mit schwungvoller Tanzmusik auf – keine Rockmusik! – und bewegen Sie sich dazu. Achten Sie gar nicht besonders darauf, ob Ihre Bewegungen „richtig" sind oder nicht, sondern tun Sie es einfach! Lassen Sie alle Körperteile „mitmachen": Kopf, Hals, Schultern, Bauch, Arme und Beine. Spüren Sie bewußt, wie Sie sich danach fühlen! Wiederholen Sie das einmal täglich und beobachten Sie sich selbst: Wahrscheinlich wird es Ihnen immer leichter fallen!

Wenn Sie das Singen bisher vermieden haben, weil Sie „es nicht können", sollten Sie unbedingt damit anfangen.

Sitzt der Glaube an Ihre eigene Unfähigkeit dazu sehr tief, kann es sein, daß Sie die Hilfe eines Fachmanns benötigen. In diesem Fall könnten Sie sich einige Gesangsstunden gönnen: Fast in jeder Stadt gibt es eine Musikschule. Dort erfahren Sie sicher, wo das möglich ist.

Der Gedanke, daß **Sie** zum Musiklehrer gehen, ist vielleicht ungewöhnlich. Aber es ist viel wirtschaftlicher und erfolgversprechender, Zeit und Geld in Ihr eigenes Lernen zu investieren, als Ihr Kind von einer Fördergruppe zur anderen zu chauffieren.

Erinnern wir uns noch einmal an die Methode des Musiklehrers Suzuki: Er unterrichtet die Mütter, und diese unterrichten die Kinder.

Das, was für das Geigenspiel gilt, können wir auf alle anderen Bereiche übertragen: Am erfolgreichsten ist es, wenn Eltern ihre Kinder lehren.

Und was Eltern noch nicht können, müssen sie vorher eben lernen, zur Not auch im Unterricht bei einem Fachmann!

Nicht bestimmte Übungszeiten sind das Geheimnis, sondern der „fördernde Alltag"

Genau zu wissen, was man will, ist in vielen Lebensbereichen sehr nützlich. Außerordentlich unpraktisch ist es jedoch, sich zuviel vorzunehmen. Wenn man nämlich seine Vorhaben nicht verwirklichen kann, bekommt man leicht das Gefühl, versagt zu haben und macht dann unter Umständen gar nichts mehr, auch das nicht, was ohne weiteres möglich wäre.

Sehr viele gute Vorsätze scheitern an genau dieser Hürde. Besonders deutlich wird das, wenn es um Diätpläne geht. Wer sich vornimmt, zwei Wochen lang nur Obst zu essen, und dann nach drei Tagen schwach wird und sich auf ein Käsebrot stürzt, wird wahrscheinlich ab diesem „Sündenfall" jegliche Hemmung verlieren und soviel essen wie eh und je, vielleicht sogar noch mehr, weil man nach gescheiterten Diätversuchen häufig zu der Meinung neigt, nun sei ohnehin schon „alles egal".

Es wäre viel vernünftiger, hier maßvoll zu planen und dafür so, daß es auch wirklich durchführbar ist.

Auf den Umgang mit Ihrem Kind übertragen heißt das, Sie sollten sich kein „Förderprogramm" zurechtlegen, das täglich „durchgezogen" wird, sondern vielmehr den Alltag bewußt gestalten.

Erstens halte ich von derlei Programmen ohnehin nichts, weil die Förderung Ihres Kindes ein „Fulltimejob" ist und nicht in 30-Minuten-Häppchen „erledigt" werden kann.

Und zweitens führen starre Programme unweigerlich dazu, daß sie irgendwann nicht mehr eingehalten werden, weil sie einen einfach überfordern. Die verständliche, aber verhängnisvolle Reaktion hierauf ist dann – siehe Diät! – sehr oft, jegliche Bemühungen aufzugeben.

„Ich habe es wirklich probiert, aber ich schaffe es einfach nicht!" seufzt die frustrierte Mutter.

Es ist viel leichter und für Eltern und Kind viel schöner, die gemeinsam verbrachte Zeit mit spontanen Aktivitäten zu füllen, die einem aus dem Augenblick heraus einfallen und Freude machen. Möglichkeiten hierfür werden Sie in den folgenden Kapiteln genügend kennenlernen.

Außerdem können Sie, wenn Sie erst einmal wissen, worauf es ankommt, viele alltägliche Verrichtungen sinnvoll nutzen.

Konkrete Vorschläge dazu mache ich beim Besprechen der einzelnen Förderbereiche.

Ein Beispiel möchte ich zur Illustration hier bereits anführen.

Es stammt aus meiner eigenen Kindheit. Ich hatte das Glück, eine sehr vielfältige Förderung zu erfahren. Seit ich mich erinnern kann, macht es mir Spaß, zu denken und mit Zahlen umzugehen. In der Schule war ich eine begeisterte Mathematikerin. Ich empfand Rechnen nie als Arbeit, sondern immer als Herausforderung und freute mich, wenn ich Probleme lösen konnte. Mir schien das ein natürlicher Zustand zu sein, und ich dachte nicht darüber nach, warum mir etwas Vergnügen bereitete, das die meisten meiner Mitschüler als ziemlich abschreckend erlebten. Erst später, als ich als Lehrerin auch mit dem Problem der Lernstörungen zu tun hatte, begann ich über meine „angeborene" Mathematikbegeisterung nachzudenken. Ich fragte meine Mutter, ob sie denn in meiner Vorschulzeit irgend etwas Besonderes im Hinblick auf Rechnen mit mir „gelernt" hätte. Nein, das eigentlich nicht, meinte sie. Aber ich hätte ihr sehr oft beim Kochen zugesehen, und da habe sie mir immer, wenn sie Gemüse oder andere Kochzutaten in der Küche vorbereitete, kleine Denkaufgaben gestellt, „einfach so", zur Unterhaltung.

Nach dem, was meine Mutter mir erzählte, könnten diese Unterhaltungen etwa so ausgesehen haben:

Sie hatte für den Apfelstrudel 10 Äpfel hergerichtet.

Mama: Komm, wir zählen einmal die Äpfel. Wieviele sind's denn?

Christina: 1,2,3 …… 10.

Mama: So ein schlaues Kind hab ich! Schau, jetzt nehm ich einen weg für unseren Apfelstrudel. Wie viele sind's denn jetzt?

Christina: 1,2,3 …… 9.

Mama: Und wenn ich jetzt noch einen wegnehme? Kriegst du das auch noch raus?

Christina (überlegt, ohne zu zählen): Dann sind's acht!

Mama: Du bist ja ein richtiger Tausendsassa!

„Tausendsassa" hieß die Kinderwäsche von Schiesser, die ich trug, und ich erinnere mich noch genau daran, daß ich oft, wenn ich etwas gut konnte, als „Tausendsassa" bezeichnet wurde. Es muß mich wohl sehr gefreut haben, sonst hätte ich mir das nicht all die vielen Jahre gemerkt. Ich hatte also mit dem „Schlau-Sein" Erfolg. Kein Wunder, daß mir das Denken Spaß machte und immer noch macht!

Mir fiel dann nach dem Gespräch mit meiner Mutter noch ein, daß mein Vater, wenn ich ihn in seiner Werkstatt besuchte, mich oft Schrauben oder Nägel sortieren und zählen ließ, und daß er immer viel Aufhebens davon machte, wie klug ich sei, wenn es mir gelang, bis hundert zu zählen.

Ich bin felsenfest davon überzeugt, daß dieses ganz alltägliche Zählen und Rechnen, „so nebenbei und nur zum Spaß", zusammen mit den Erfolgserlebnissen, die es mir vermittelte, den Grund für meine Mathematikbegeisterung gelegt hat.

Kein starr und pflichtbewußt absolviertes Trainingsprogramm hätte diesen Effekt erzielt, da bin ich mir ganz sicher!

Am Anfang ist das Ohr

Die ersten Eindrücke, die der Embryo von seiner Umgebung bekommt, erhält er über das Hören.

Lange, bevor er geboren wird, viereinhalb Monate nach der Befruchtung, ist das Innenohr bereits vollständig und in Originalgröße ausgebildet.

Doch scheint der Embryo nicht erst ab diesem Zeitpunkt, sondern schon viel früher hören zu können.

So gibt es eine Reihe von faszinierenden Berichten darüber, wie vorgeburtliche Hörerlebnisse bis ins Erwachsenenalter hinein wirksam sind.

Joachim-Ernst Berendt erzählt zum Beispiel in seinem Buch „Ich höre – also bin ich" von dem Journalisten Robert Johnson:

Er „entdeckte" in den mittleren Jahren seines Lebens zwei Platten: die „Kreutzer-Sonate" von Beethoven und Gustav Mahlers „Lied von der Erde".

Johnson: *„Ich war verrückt nach ihnen. Manchmal hörte ich sie täglich. Ich versuchte verschiedene Interpretationen, aber es waren nur zwei, die mir Gänsehaut bereiteten: die „Kreutzer-Sonate" mit Yehudi Menuhin und „Das Lied von der Erde" mit Kathleen Ferrier. Alle meine Ängste gingen weg davon, meine Depressionen, sogar meine Migräne."*[5]

Wenn man Derartiges erlebt, kann man es sich natürlich nicht erklären. Warum üben zwei Musikstücke diese starke Wirkung aus? Wäre es Musik schlechthin, dann müßte es ja auch andere Werke geben, die in der Lage wären, Ängste und Depressionen zu vertreiben. Und es war noch rätselhafter: Nicht „einfach" zwei Musikstücke, sondern ganz bestimmte Aufnahmen derselben mußten es sein.

Im Fall des Journalisten ergab sich die Aufklärung des Mirakels, als er diese beiden Platten, die ihm soviel bedeuteten, auch als Geschenk für seine Eltern kaufte und sie ihnen schickte, weil er der Meinung war, ihnen damit eine besondere Freude machen zu können.

Wie erstaunt war er, als seine Mutter ihn anrief und ihm mitteilte, diese beiden Musikstücke und davon wiederum genau diese beiden Aufnahmen seien ihr in- und auswendig bekannt. Sie habe sie nämlich in den ersten Wochen ihrer Schwangerschaft mit ihm täglich gehört.

Der französische Forscher Alfred Tomatis[6] berichtet über die Arbeit mit einem autistischen Kind, das auf keine sprachlichen Impulse reagierte. Es war so, als höre es gar nicht, daß man zu ihm etwas sagte. Eines Tages wurde Tomatis während der Therapiestunde kurz von jemandem unterbrochen, der englisch sprach. Das Kind schaute bei den fremdsprachigen Lauten interessiert auf, und Tomatis, der das bemerkt hatte, führte die Behandlung auf englisch fort. Über diese Sprache gelang es, die kleine Patientin aus ihrem autistischen Gefängnis herauszuholen und sie wieder dazu zu bringen, an dem Leben um sie herum teilzunehmen.

Nun wußte Tomatis durch seine Forschungen bereits von der starken Wirkung, die Klangeindrücke während der Embryonalzeit hervorbringen konnten und befragte die Eltern, zunächst den Vater. Der verneinte jedoch strikt und sagte, in seiner Familie werde nur französisch gesprochen. In weiteren Gesprächen, an denen auch die Mutter teilnahm, stellte sich jedoch dann heraus, daß diese in den ersten Wochen der Schwangerschaft in einer Import-Export-

Firma gearbeitet habe, in der viel englisch gesprochen wurde. Diese erste Zeit der Schwangerschaft war es gewesen, in der sie sich auf ihr Kind freute und glücklich war. Später war nämlich der Vater – ein Seemann – wieder weggefahren, und sie hatte Zweifel, ob er je zurückkommen werde. Das stürzte sie in tiefe Verzweiflung. In ihrer Not hatte sie sogar erwogen, eine Abtreibung vornehmen zu lassen.

Kein Wunder, daß das Kind mit dieser feindlichen Welt nichts zu tun haben wollte und sich in den Schutz seiner Krankheit zurückgezogen hatte! Und ebenfalls kein Wunder, daß das einzige, was es aus seinem selbst errichteten Gefängnis herauslocken konnte, die Erinnerung an diese erste, glückliche Zeit seiner Existenz war, in der eine liebevolle Mutter sich auf seine Geburt gefreut hatte!

Bereits aus diesem kleinen Einblick wird klar: Über das Hören kann unsere Seele machtvolle Eindrücke bekommen!

Doch das ist noch längst nicht alles! Das Ohr spielt eine entscheidende Rolle bei der geistigen und seelischen Entwicklung und ist von grundlegender Bedeutung für die Leistungsfähigkeit unseres Gehirns.

Es lohnt sich also, den Gehörsinn Ihres Kindes sorgfältig zu hegen und zu pflegen und ihm das richtige „Klima" für eine optimale Entfaltung zu verschaffen!

Wenn Sie wissen, worauf es ankommt, ist das viel leichter, als Sie wahrscheinlich vermuten.

Weil ich die Auffassung von Glenn Doman uneingeschränkt teile, daß Eltern die besten Lehrer für ein Kind sind, wenn sie genau wissen, was sie tun müssen und warum, möchte ich Ihnen zunächst über das „Warum" einiges mitteilen.

Die Stimme bringt es an den Tag

Bahnbrechende Erkenntnisse über die weitreichende Bedeutung des Gehörs verdanken wir dem französischen Hals-Nasen-Ohren-Arzt Alfred Tomatis[7], den ich bereits erwähnt habe.

Er untersuchte nach dem Zweiten Weltkrieg im Auftrag der französischen Luftwaffe den Zusammenhang zwischen Lärmeinwirkung und Gehörschäden bei Piloten.

Außerdem arbeitete er in seiner Praxis mit Sängern, die Stimmprobleme hatten.

Was er entdeckte, ist nicht nur für Sänger oder Piloten wichtig, sondern für jeden Menschen, der seine geistige Spannkraft erhalten oder verbessern möchte.

Seine Forschungsergebnisse wurden von der medizinischen Fachwelt zunächst jedoch nicht ernst genommen, ja, man bezeichnete ihn sogar als Scharlatan! Inzwischen ist vieles, was er geradezu hellsichtig vorwegnahm, „wissenschaftlich" anerkannte Tatsache, zum Beispiel das vorgeburtliche Hören.

Wenden wir uns seiner Arbeit an der menschlichen Stimme zu, die zur Grundlage bedeutender Erkenntnisse wurde:

Über sein Elternhaus hatte Tomatis Kontakt zu vielen Sängern, und so kam es, daß er in seiner HNO-Praxis von ihnen konsultiert wurde, wenn Probleme mit der Stimme auftraten, die durch Gesangsübungen nicht beseitigt werden konnten.

Er machte zahlreiche Hör- und Sprechtests und stellte etwas Interessantes fest:

Diejenigen Frequenzen, die von den Sängern nicht mehr **gehört** werden konnten, tauchten auch in ihrer Stimme nicht mehr auf, konnten also auch nicht mehr **gesungen** werden!

Glauben Sie nun nicht, es sei für die Erziehung Ihres

Kindes völlig belanglos, ob Sie das wüßten oder nicht! Mit der Qualität von Gehör und Stimme hängt nämlich einiges zusammen, was für erfolgreiches Lernen fördernd oder hinderlich sein kann, zum Beispiel die Konzentrationsfähigkeit, die Leistungsbereitschaft, das Gedächtnis und einiges mehr.

Ohne über die Hintergründe Bescheid zu wissen, verraten uns die Stimmen unserer Mitmenschen schon einiges über ihr Befinden: Wer gerade einen schweren Verlust erlitten hat, wird in Klangfarbe, Tempo und Tonhöhe zum Beispiel anders sprechen als jemand, der verliebt ist.

Dieses andere Sprechen ist aber nur ein Spiegel eines veränderten Hörens. Und ein verändertes Hören bedeutet ein verändertes Fühlen und Denken. Damit sind wir bei dem Ansatz, von dem wir ausgehen müssen, wenn wir die Förderung unserer Kinder im Auge haben.

Seit ungefähr zehn Jahren achte ich bewußt auf die „Qualität" der Stimmen und habe immer wieder feststellen können, daß Schüler mit monotonen, „flachen", ausdrucksarmen Stimmen im Regelfall Lernprobleme hatten und oft auch noch Verhaltensstörungen aufwiesen. Eine ausdrucksstarke, modulationsfähige Stimme hingegen gehört so gut wie immer zu seelisch stabilen, leistungsfähigen Schülern.

Während für mich früher die Stimmqualität hauptsächlich unter diagnostischen Gesichtspunkten von Interesse war, bin ich seit einigen Jahren dazu übergegangen, gezielt an Stimme und Gehör zu arbeiten. Natürlich sind die Ergebnisse, die ich mit meinen Schulkindern dabei erziele, bescheiden im Vergleich zu dem, was in der Familie möglich ist. Aber trotzdem kann ich noch Positives bewirken. Um wieviel erfolgversprechender ist dann erst die gezielte Förderung eines kleinen Kindes durch seine Eltern!

Kehren wir wieder zurück zu Alfred Tomatis: Er stellte fest, daß in der Stimme nur diejenigen Frequenzbereiche vertreten waren, die von dem betreffenden Patienten auch gehört werden konnten.

Weiter stellte er fest, daß bei einer Reduzierung des Hör- und damit auch des Sprech- und Singvermögens die hohen Frequenzen betroffen waren. Das heißt, daß hohe Frequenzen nicht mehr gehört wurden und deshalb auch in der Stimme nicht mehr vorkamen.

Ältere Menschen können oft das Zirpen der Grillen – eine „klassische" Hochfrequenz – nicht mehr hören.

Die in meinen Augen interessanteste Erkenntnis ist aber folgende: Mit dem Verlust der Fähigkeit, hohe Frequenzen zu hören, geht auch ein Nachlassen der geistigen Leistungsfähigkeit und der psychischen Stabilität einher.

Nun wäre das reichlich deprimierend, wenn Tomatis nicht zugleich herausgefunden hätte, wie man das Ohr wieder zum Hören hoher Frequenzen erziehen kann: Man muß es mit diesen Frequenzen „füttern".

In seiner Therapie machte er das mit speziellen Aufnahmen, bei denen die tiefen Frequenzen herausgefiltert und die hohen verstärkt wurden.

Eine weitere Erkenntnis der Tomatis-Forschungen sollten wir uns gut einprägen:

Hohe Frequenzen in mäßiger Lautstärke stellen einen starken Stimulus für unser Gehirn dar, sie laden es buchstäblich auf.

Tiefe Frequenzen rauben unserem Gehirn Energie. Sie machen müde, schlaff und lustlos.

Welchen Nutzen können wir nun für die Erziehung und Förderung unseres Kindes aus diesen Informationen ziehen?

Eine Übersicht soll das verdeutlichen:

Erkenntnis	**Konsequenz**
Die Stimme enthält nur die Frequenzen, die das Ohr hört.	Die Stimme unseres Kindes verrät uns einiges über sein Gehör.
Der Verlust der Fähigkeit, hohe Frequenzen zu hören, macht geistig träge, schlaff und lustlos.	Es ist sinnvoll, etwas für ein gutes Gehör, das auch hohe Frequenzen hört, zu tun.
Das Hören hoher Frequenzen bei mäßiger Lautstärke kann das Gehirn buchstäblich „aufladen".	Musik mit hohen Frequenzen sollte bevorzugt werden.
Tiefe Frequenzen entziehen dem Gehirn Energie.	Musik mit überwiegend tiefen Frequenzen sollte gemieden werden. Wir sollten darauf achten, daß unsere Kinder nicht dauernd niederfrequenten Geräuschen ausgesetzt sind.

In dieser kurzen Übersicht stecken einige „Erfolgsgeheimnisse" für die Begabungsförderung bei Kindern. Das soll nun nicht heißen, daß sehr viele Eltern von den Ergebnissen der Tomatis-Forschungen wissen und sich bei der Erziehung ihrer Kinder bewußt danach richten.

Gerade im pädagogischen Bereich hat es seit jeher Menschen – ob Eltern oder Lehrer – gegeben, die besonders talentiert für dieses „Geschäft" waren und dementsprechend auch besondere Erfolge erzielten.

Fragt man nun erfolgreiche Eltern oder Lehrer nach den Ursachen für diesen Erfolg, so können sie ihn nur selten begründen. Sie tun eben das, was ihnen vernünftig erscheint und handeln damit unbewußt richtig.

Sicher ist es nicht **nur** eine Frage des Erziehungsgeschicks oder des „Know-how", welche Ergebnisse erzielt werden. Menschliche Wesen sind keine Maschinen, die man nur nach Gebrauchsanweisung behandeln muß, damit sie richtig funktionieren.

Genauso wie es Schulklassen gibt, die besonders schwierig sind und andere, mit denen man es wesentlich leichter hat, gibt es auch Kinder, die besonderer Förderung bedürfen und andere, bei denen Erziehung weit weniger mühsam ist.

Ungeachtet der Ausgangslage kann jedoch eines als sicher gelten: Je qualifizierter und bewußter Eltern mit ihrem Kind in dessen ersten Lebensjahren umgehen, desto größer ist die Wahrscheinlichkeit, daß es seine Anlagen entfalten und sich optimal entwickeln kann.

Gerade das, was Alfred Tomatis entdeckt hat, kann Eltern ein bedeutendes Stück weiterhelfen im Hinblick auf das Ziel, Intelligenz und Persönlichkeit ihres Kindes von Anfang an zu fördern.

Dieses „von Anfang an" wird in seiner Tragweite oft nicht erfaßt, und es heißt dann vielleicht: Später, wenn das Kind erst einmal laufen oder sprechen kann oder einen Kindergarten besucht oder in die Schule kommt, dann wollen wir schon auf dies oder jenes achten. Aber jetzt ist es doch noch zu früh, jetzt versteht es das doch noch gar nicht usw.

Sie werden bei der Lektüre dieses Buches sehen, daß viele Anregungen gar nicht früh genug kommen können, daß es aber sehr schnell zu spät für manches sein kann.

Wie prägend akustische Eindrücke, die wir im Mutterleib empfangen haben, uns das ganze Leben begleiten können, haben die beiden oben angeführten Beispiele gezeigt.

Welche Rolle ein gut funktionierendes Innenohr für Entwicklung und Leistungsfähigkeit unseres Gehirns spielt, soll weiter unten in einem eigenen Abschnitt erläutert werden.

Von entscheidender Wichtigkeit sind hierbei unsere Hörgewohnheiten. Sie können im positiven Fall viel dazu beitragen, daß wir geistig aktiv und wach sind, können uns aber im negativen Fall auch geistige Trägheit und Lustlosigkeit einbringen.

Hörgewohnheiten müssen frühzeitig beeinflußt werden

Vor Jahren sprach ich bei einem Vortrag einmal von der positiven Wirkung, die klassische Musik, vor allem die Musik von Mozart, auf die geistige Leistungsfähigkeit und die seelische Stabilität ausüben kann.

Eine Mutter, die mir zuhörte, meinte hinterher zu mir: „Ich bin überzeugt, daß Sie recht haben mit dem, was Sie sagen. Aber das kann ich meinem 16jährigen Sohn bestimmt nicht klarmachen. Der hört den ganzen Tag Rockmusik."

Damit ist der zentrale „wunde Punkt" jeglicher Förderung und Erziehung angesprochen. Es wird meistens gewartet, bis Defizite in irgendeiner Form festzustellen sind.

Dabei ist es – bildlich gesprochen – viel einfacher zu verhindern, daß die Milch überhaupt erst verschüttet wird.

Unser Auto fahren wir regelmäßig zum Kundendienst und lassen es warten, damit nichts kaputtgeht. Was für unsere Autos gilt, sollte erst recht bei der Erziehung unserer Kinder beherzigt werden: Rechtzeitiger Kundendienst ist viel sinnvoller als spätere aufwendige Reparaturen!

Deshalb ist es bereits ab dem ersten Lebenstag – und eigentlich schon in der Schwangerschaft – wichtig, die Klangwelt unserer Kinder bewußt und verantwortungsvoll zu gestalten.

Alles, was völlig mühelos und nebenbei in den ersten

Lebensjahren durch Erziehung und Gewöhnung erreicht werden kann, benötigt später viel mehr Zeit, Arbeit und Mühe.

Es ist für Eltern so leicht, das Richtige zu tun, wenn sie wissen, worauf es ankommt.

Zwei Aspekte sollten beachtet werden, wenn es um die Frage geht, welche akustische Umgebung für ein Kind förderlich oder schädlich sein kann:
1. die Qualität und
2. die Quantität (Lautstärke, Menge) des Gehörten.

Über die Qualität, die anzustreben ist, erfahren wir bei Alfred Tomatis sehr Wissenswertes: Er hat die geradezu segensreiche Wirkung entdeckt, die das Anhören hoher Frequenzen in mäßiger Lautstärke auf unser Gehirn und unsere Seele ausübt.

Mit dieser Aussage allein können Sie für den Alltag mit Ihrem Kind wahrscheinlich noch nicht allzuviel anfangen, deshalb soll näher erläutert werden, was es mit diesen hohen Frequenzen auf sich hat.

Gehirnanregung durch hohe Frequenzen

Tomatis erkannte früh die Wichtigkeit vorgeburtlicher, also im Mutterleib empfangener Klangeindrücke.

Er wollte wissen, wie sich die Umwelt für einen Embryo anhört, der die Geräusche nicht über Schallwellen durch die Luft vermittelt bekommt, sondern durch das Fruchtwasser, in dem er schwimmt.

Er machte zahlreiche Untersuchungen, die er in seinem Standardwerk „Der Klang des Lebens" genau beschreibt und kam zu dem Ergebnis:

Im Mutterleib scheint das Ohr des Embryo nur den hochfrequenten Teil des akustischen Spektrums zu hören. Tiefe Frequenzen werden offenbar nicht wahrgenommen. Das könnte damit zusammenhängen, daß diejenigen Bereiche des Innenohrs, welche die tiefen Frequenzen wahrnehmen, sich erst später entwickeln. Die Basis der „Schnecke" – des schneckenartig gewundenen Hörorgans –, die für die hohen Frequenzen zuständig ist, nimmt ihre Tätigkeit viel früher auf. Es kann beim derzeitigen Stand der Forschungen jedoch noch nicht sicher gesagt werden, auf welche Weise das Ohr des Embryos tiefe Frequenzen herausfiltert. Offensichtlich ist nur die Tatsache an sich.[8]

Das ist von der Natur sehr sinnvoll eingerichtet, denn im Mutterleib wird ja ein entscheidender Grundstock für unsere späteren Begabungen gelegt und außerdem unsere geistige „Mitgift" in Form von ca. hundert Milliarden Nervenzellen bereitgestellt.

Wenn wir nun bedenken, daß hohe Frequenzen für unser Gehirn anregend wirken und tiefe Frequenzen lähmend, so können wir uns vielleicht ausmalen, wie verhängnisvoll es wäre, wenn wir in dieser hochsensiblen Lebensphase schädlichen, „gehirnfeindlichen" Klängen ausgesetzt wären.

Im Mutterleib werden wir also durch die Weisheit der Natur vor ihnen geschützt. In unserem hochtechnisierten Alltag spielen tiefe Frequenzen allerdings eine bedeutende Rolle. Sie sind fast allgegenwärtig im Summen der Computer, Kühlschränke und Fernseher, im Lärm von Maschinen und Autos und – das scheint mir eine besonders bedenkliche Tatsache – im Dröhnen der Bässe, die jegliche Rockmusik, aber auch viele andere moderne Songs, begleiten, ja beherrschen.

Es ist gewiß nicht möglich, die Ursachen für die rapide zunehmenden Lernstörungen genau zu bestimmen. Daß jedoch schädliche Hörgewohnheiten in diesem Zusammenhang eine verhängnisvolle Rolle spielen, scheint mir nach den Erfahrungen, die ich in der Praxis mache, völlig sicher zu sein. Wir können unsere moderne Umwelt mit ihrer Lärmbelastung nicht abschaffen. Wir können aber etwas dazutun, um den Schaden, den tiefe Frequenzen in den Gehirnen unserer Kinder anrichten, möglichst gering zu halten, indem wir sie zumindest in unseren Wohnungen bewußt vermeiden, wo immer es möglich ist.

Hohe Frequenzen in maßvoller Lautstärke hingegen wirken anregend, bilden einen Stimulus für das Gehirn.

Sie kommen besonders intensiv in Geigen- und Flötenmusik vor, also in klassischer Musik.

Allein dieser Begriff „klassische Musik" genügt oft schon, um jemanden zu verschrecken. Dabei mache ich immer wieder die Erfahrung, daß Eltern bei Vorträgen – in denen ich Ausschnitte aus verschiedenen Stücken vorspiele – ganz erstaunt feststellen, daß „gehirnfreundliche" Musik noch lange nicht langweilig oder gar anödend zu sein braucht. Auch hier gilt das bereits weiter oben mehrmals Betonte: Eltern müssen zuerst selbst das kennenlernen, was sie als Förderung an ihr Kind weitergeben möchten.

Freunden Sie sich mit einigen „leichten" Stücken an. Dabei soll „leicht" nicht abschätzig gemeint sein, als handele es sich hier um so etwas wie „zweite Wahl". Für mich ist das vielmehr Musik, die sich beim ersten Hören bereits gut einprägt, die man gut „so nebenbei" anhören kann bei verschiedenen alltäglichen Arbeiten, ohne daß man sich besonders in sie versenken oder von der Sache „etwas verstehen" muß.

Ich höre solche Musik gerne als Begleitung beim Kaffeetrinken, Aufräumen, Kochen und Bügeln.

Was ich nicht ertrage, ist eine „Dauerberieselung", weder mit Klassik noch mit irgend etwas anderem.

So war meine Tochter von Anfang an daran gewöhnt, daß es bei uns entweder still war, oder daß ich mit ihr sprach oder sang, oder daß wir „gehirnfreundliche" Musik anhörten.

Damals hatte ich keine Ahnung davon, daß ich etwas

sehr Sinnvolles tat, indem ich die akustische Umgebung meines Kindes derart gestaltete. Es erschien mir einfach richtig und entsprach auch meinen eigenen Vorlieben.

Heute sehe ich, wie prägend diese ersten Lebensjahre für Maxis Gehör waren: Sie schätzt Rockmusik gar nicht, erträgt kein Techno und kein Rave. Natürlich hört sie inzwischen auch Modernes, liebt aber immer noch klassische Musik und von dieser wiederum besonders Mozart.

Gerade Mozart spielt auch bei Tomatis in der therapeutischen Anwendung eine besondere Rolle. Aufbauend auf seiner Erkenntnis vom heilsamen Effekt hoher Frequenzen entwickelte er eine eigene Therapie. Er spielt seinen Patienten über Kopfhörer Aufnahmen vor, aus denen die tiefen Frequenzen herausgefiltert und bei denen die hohen Frequenzen verstärkt wurden. Diese Therapie erzielt große Erfolge bei einer Reihe von Beschwerden und Störungen, ob es sich nun um Legasthenie, Depressionen oder körperliche Krankheiten handelt.

Am liebsten verwendet Tomatis Aufnahmen der jeweiligen Mutterstimme. Wenn das nicht möglich ist, arbeitet er mit Mozart-Musik, die durch sein „elektronisches Ohr" derart gefiltert wird, daß der Patient fast ausschließlich die hohen Frequenzen hört. Durch diese Klangeindrücke wird das Innenohr stimuliert, was wiederum zu einer deutlichen Anregung der Großhirnrinde führt.

Bei der Förderung unserer Kinder brauchen wir nicht eigens gefilterte Aufnahmen. Es genügt Musik, in der hohe Frequenzen sehr deutlich vertreten sind. Besonders anregend wirkt nach Tomatis' Erkenntnissen jegliche Musik von W. A. Mozart.

Falls Sie einen Versuch mit Klassik wagen wollen, aber nicht recht wissen, womit Sie anfangen sollen, möchte ich Ihnen hier einige Stücke nennen, die meiner Meinung nach besonders gut dafür geeignet sind:

Wolfgang Amadeus Mozart:
Eine kleine Nachtmusik
Klavierkonzert in A-Dur
Violinkonzert in G-Dur

Leopold Mozart:
Kindersymphonie

Pachelbel: Kanon D-Dur

Drei berühmte Weihnachtskonzerte möchte ich besonders empfehlen:
Francesco Manfredini: Weihnachtskonzert opus 3,12;
Giuseppe Torelli: Weihnachtskonzert opus 8,6;
Arcangelo Corelli: Weihnachtskonzert opus 6,8.

Wenn Sie es nicht bei bloßem „Hören" belassen wollen, sondern Ihrem Kind einen aktiven Zugang zur Welt der Musik verschaffen wollen, ist meines Erachtens Mozarts Oper „Die Zauberflöte" als Anfangserfahrung besonders geeignet.

Die „Zauberflöte" hat in der Kindheit meiner Tochter eine bedeutende Rolle gespielt. Sie hörte oft und oft die Platte mit der gekürzten und für Kinder als Hörspiel aufbereiteten Version dieser Oper[9].

Ich bin der Meinung, daß sich diese Aufnahme auch für Erwachsene, die bisher mit dieser Art von Musik wenig Bekanntschaft gemacht haben, hervorragend eignet, habe sie selbst immer gerne gehört und kann sie Ihnen nur wärmstens empfehlen. Es gibt inzwischen auch ein wunderbares Bilderbuch: „Die Zauberflöte" von Waltraute Brüggemann[10].

Besorgen Sie sich beides – Buch und Platte! Schauen Sie sich die zauberhaften Bilder an, lesen Sie die Geschichte und hören Sie die Musik. Sie als Eltern müssen zuerst lernen, an „gehirnfreundlichen" Klängen Gefallen zu finden.

Ihr Kind ist nie zu klein, um gute Musik zu hören. Sollte es bereits 3, 4 oder 5 Jahre alt sein, können Sie ihm das Märchen von der Zauberflöte vorlesen oder erzählen und mit ihm gemeinsam das Hörspiel genießen.

In manchen Städten – zumindest in München und Salzburg – gibt es ein Marionettentheater, in dem „die Zauberflöte" zum festen Programm gehört.

Wenn dem Kind Musik und Geschichte bereits gut bekannt sind, kann der Besuch solch einer Vorstellung zu einem unvergeßlichen Höhepunkt werden. Meine Tochter hat die Zauberflöte im Salzburger Marionettentheater mehrmals gesehen. Sie war von jeder Aufführung begeistert und mußte immer davon abgehalten werden, die bekannten Lieder lauthals mitzusingen. Noch heute ist die Zauberflöte, die sie inzwischen auch einige Male „in echt" gesehen hat, ihre erklärte Lieblingsoper.

Sollten Sie das Gefühl haben, sich mit Klassik gar nicht anfreunden zu können, so gibt es auch andere Geigen- und Flötenmusik, die Sie mit Ihrem Kind anhören könnten: Ich denke da zum Beispiel an Aufnahmen von Helmut Zacharias.

Wofür auch immer Sie sich entscheiden:
Hohe Frequenzen in maßvoller Lautstärke sind Ihrem Kind förderlich.

Über die verhängnisvollen Auswirkungen, die es haben kann, wenn kleine Kinder dem Ansturm tiefer Frequenzen ausgesetzt sind, möchte ich noch einiges anmerken.

Schaden durch tiefe Frequenzen

Tomatis spricht davon, daß tiefe Frequenzen, wenn sie bei dem, was wir hören, vorrangig sind, dem Gehirn Energie entziehen. Er führt es noch genauer aus:

„Hier sei nur angemerkt, daß die tiefen Töne wohl nicht beruhigend wirken, wie manche meinen, sondern ledig-

lich lähmend. Wenn ihnen Menschen ausgesetzt sind – vor allem Säuglinge, deren Reaktionen gegenwärtig Gegenstand zahlreicher Untersuchungen sind –, büßen diese ihre Reaktionsfähigkeit ein, so daß der Eindruck einer beruhigenden Wirkung entsteht. Diese Untätigkeit – fast könnte man von Erstarrung sprechen – kann tiefgehende Angst hervorrufen und letztlich zu schwerwiegenden Persönlichkeitsstörungen führen."[11]

Tiefe Frequenzen wirken also lähmend und erstarrend. An anderer Stelle spricht Tomatis noch davon, daß alle Muskeln unseres Körpers über Nervenkerne in der Wirbelsäule mit dem Innenohr verbunden sind und daß das Anhören bestimmter Frequenzen sich auch auf die Spannkraft der Muskeln auswirkt: entweder erschlaffend und lähmend – bei tiefen Frequenzen – oder anregend und aktivierend – bei hohen Frequenzen.

Wir müssen uns nur einmal anschauen, wie schlaff und lustlos viele Jugendliche dahinschlurfen, den Walkman auf eine Lautstärke gedreht, daß das Dröhnen der Bässe bis zur anderen Straßenseite zu hören ist, dann sehen wir am praktischen Beispiel, wie sich diese Lähmung bemerkbar macht.

Das Nachlassen der Muskelspannung ist bereits bei kleinen Kindern zu beobachten: Viele meiner Erstkläßler bringen es nicht mehr fertig, gerade zu sitzen oder ohne Anlehnen aufrecht zu stehen. Daß wiederum gerade diese Kinder verstärkt Probleme haben, Rhythmen nachzuklatschen, beim Singen die richtigen Töne zu treffen oder sich einen einfachen Satz nach einmaligem Hören auswendig zu merken, gibt mir zu denken.

Ich kann nun natürlich nicht behaupten, diese „Schlaffheit der Muskeln", die mir mittlerweile so häufig auffällt – und meist bei Kindern mit Lernstörungen oder psychischen Problemen – sei in jedem Fall nur durch „falsche"

Klangeindrücke im Elternhaus verursacht. So einfach ist die Sache sicher nicht! Ich weiß aber, daß in fast allen Familien kleine Kinder recht sorglos dauernder Musikberieselung sowie stundenlangem Fernsehen und Kassettenhören ausgesetzt sind und daß es häufig vorkommt, daß Grundschulkinder mit Gameboys spielen oder am Computer sitzen. Ich weiß auch, daß „gehirnfreundliche" Klänge in Form von hochfrequenter Musik nur wenigen Kindern zuteil werden.

Ich bin fest überzeugt davon, daß viele Störungen, die heutzutage so häufig vorkommen, daß sie fast schon „normal" sind, vermieden oder stark gemindert werden könnten, wenn wir von Anfang an darauf achten würden, daß unsere Kinder Hörgewohnheiten entwickeln, die für ihre Intelligenzentwicklung und Persönlichkeitsentfaltung förderlich sind.

Gerade in diesem Bereich ist es so einfach, von Anfang an das Richtige zu tun. Es erfordert vielleicht ein Umdenken von seiten der Eltern. Aber der Erfolg wird uns für die kleinen Unbequemlichkeiten entlohnen.

Wir sollten das, was im Mutterleib auf natürliche Weise „von selbst" geschieht, bei unseren Kindern bewußt anstreben: den Schutz vor tiefen Frequenzen.

Achten wir darauf, sie nicht dem Summen von Klimaanlagen, Fernsehern und Computern auszusetzen. Verzichten wir auf jegliche Musik mit ausgeprägten Bässen, vor allem auf das Anhören von Rockmusik, Techno und Rave.

Und kaufen wir Kindern in den ersten zehn Lebensjahren, besser noch bis zur Pubertät, keine Computerspiele!

So kann über ein gut funktionierendes Innenohr das Gehirn unserer Kinder die nötige Anregung erfahren, um aktiv, leistungsfähig und denkfreudig zu werden.

Die Bedeutung der richtigen Dosis

Schon vor vierhundert Jahren sagte der große Arzt Paracelsus von Hohenheim sinngemäß, allein die Dosis bestimme, ob etwas ein Heilmittel oder ein Gift sei.

Wenn wir davon sprechen, daß das kindliche Gehirn Anregung braucht, um sich optimal zu entwickeln, dann könnten wir vielleicht im Übereifer dazu neigen, „das Kind mit dem Bade auszuschütten" und des Guten zuviel zu tun.

Reize sind als Anregung wichtig, jegliche Reizüberflutung ist schädlich.

Auch die gehirnfreundlichste Musik verliert ihren Nutzen, wenn sie zu laut ist oder als Dauerberieselung den ganzen Tag begleitet.

Die Erfahrung der Stille ist eine Grunderfahrung, die sehr vielen Menschen heute fehlt.

Dabei werden „Nischen der Stille" von den meisten Kindern als außerordentlich wohltuend empfunden. Eine kleine Geschichte hierzu aus der Vorschulzeit meiner Tochter Maxi habe ich an anderer Stelle erzählt:

„Maxi hatte Besuch von einem Mädchen aus der Nachbarschaft. Die beiden Kinder saßen auf dem Fußboden und spielten eine ganze Weile mit Legosteinen. Auf einmal hob die kleine Besucherin den Kopf, lauschte versonnen und sagte dann: ‚Bei euch ist es immer so schön still.'"[12]

Je kleiner unsere Kinder sind, desto behutsamer müssen wir mit den Reizen umgehen, denen sie ausgesetzt werden. Die vielen Stunden Schlaf, die Säuglinge brauchen, sind unter anderem auch deshalb nötig, weil sie das Gehirn vor einer Überflutung mit Außenreizen schützen.

Wie verhängnisvoll es ist, wenn ein Kind in einem Zimmer schläft, in dem dauernd Fernseher oder Radio laufen, ist vielen Eltern nicht klar.

„Es versteht ja noch nichts", meinen sie und setzen oft bereits neugeborene Kinder einer Schallberieselung aus, die einfach dazu führen **muß**, daß die Ohren der Kinder abschalten. Dieses „Abschalten", das über das Gehirn gesteuert wird, ist ein lebenswichtiger Mechanismus, der unsere Sinnessysteme vor Überreizung schützt.

Unser Gehirn besitzt einen „Totstellreflex", der es vor einem Zuviel an Sinneseindrücken schützt.

Das hat der Kinderarzt Dr. Brazelton in einem interessanten Experiment nachgewiesen, bei dem er Neugeborene zwar keiner akustischen, aber einer optischen Überreizung aussetzte:

„Wir setzten eine Gruppe ruhig daliegender Säuglinge einem beunruhigenden visuellen Reiz aus – einer grellen Operationslampe, die in 60 cm Entfernung über ihren Köpfen angebracht war. Die Lampe wurde drei Sekunden lang angeschaltet, dann eine Minute lang abgeschaltet. Dieser Vorgang wurde zwanzigmal wiederholt. Während des ganzen Tests wurden der Herzschlag, die Atmung und die Gehirnwellen der Babys gemessen.

Beim ersten Anschalten des Lichts waren die Säuglinge sichtlich beunruhigt; die Heftigkeit ihrer Reaktion verringerte sich jedoch nach mehrmaliger Wiederholung des Lichtreizes sehr rasch. Nach dem zehnten Mal waren keine Veränderungen des Verhaltens, des Herzschlags oder der Atmung mehr feststellbar. Nach dem fünfzehnten Anschalten tauchten auf dem EEG Schlafmuster auf, obwohl kein Zweifel bestand, daß ihre Augen noch Licht aufnahmen. Nach Ablauf dieses Reizgeschehens erwachten die Säuglinge schreiend und um sich schlagend aus ihrem ‚induzierten' Schlaf." [13]

Dieses Experiment sollte uns zu denken geben, denn in der Schulpraxis gehört es zu den alltäglichen, fast schon „normalen" Erfahrungen, daß viele Kinder – und wieder gerade diejenigen mit Problemen! – nur schwer in der Lage sind, das aufzunehmen, was ihnen **gesagt** wird.

Unser Gehirn kann abschalten, wenn ihm „alles zuviel" wird.

Der Schaden, der durch eine dauernde Geräuschkulisse oder durch zu großen Lärm angerichtet wird, bleibt nicht begrenzt auf die ursächliche Situation. Das heißt, daß wir nicht davon ausgehen können, daß das Ohr nur in der als unangenehm empfundenen Situation abschaltet und ansonsten voll empfangsfähig ist.

Denn ein Ohr, das des öfteren negative Erfahrungen macht, verschließt sich unbewußt, so daß aufmerksames Hören auch dann nicht mehr möglich wird, wenn man gerne möchte.

Sehr laienhaft ausgedrückt könnte man sich das vielleicht so vorstellen:

Das Ohr sagt sich: Immer, wenn ich hinhöre, bekomme ich „eins auf den Deckel". Da ist es wohl am besten, ich mache „meinen Laden dicht"!

Es ist leicht, kleine Kinder vor zu vielen und zu lauten Geräuschen zu schützen. Die Voraussetzung dafür ist lediglich, daß Ihnen als Eltern die Problematik bewußt ist und daß Sie bereit sind, selbst auf Dauerberieselung durch Radio, Fernseher oder Stereoanlage zu verzichten.

Daß nicht nur quantitative (zu viel und zu laut), sondern auch qualitative (das Falsche) Fehler im Hinblick auf das Hören gemacht werden können, wurde bereits im Abschnitt über die tiefen Frequenzen deutlich. Eine besondere Variante von unerfreulichen akustischen Eindrücken, die das Ohr zum Abschalten bringen, stellen sprachliche Negativ-Botschaften dar.

Wird uns fast nur Unangenehmes gesagt, hören wir lieber weg. Das ist die Situation, in der sich viele Kinder befinden, die dauernd geschimpft und kritisiert werden. Sie könnten schon hören, wollen aber nicht mehr auf das horchen, was an Negativem dauernd auf sie einstürmt. So schalten sie ihre Ohren nicht nur auf der körperlichen Ebene ab, sondern ziehen sich auch emotional zurück. Das führt zu weiteren Problemen, die zwar nicht Gegenstand dieses Buches sind, die aber zumindest ansatzweise hier angesprochen werden sollen.

Hören, Horchen und Ge-Horchen

„Robert müssen Sie unbedingt ganz nach vorne setzen", sagte seine besorgte Mutter bei der Einschulung zu mir. „Er hört nämlich furchtbar schlecht!"
Diesen Eindruck hatte ich bei dem kurzen Gespräch, das ich soeben mit ihm geführt hatte, zwar durchaus nicht bekommen.
Die Mutter war jedoch vollständig davon überzeugt, daß ihr Sohn einen Gehörschaden habe.
„Der Arzt kann nichts feststellen", fuhr sie fort. „Aber wir haben schon einen Termin in München, und da soll Robert noch einmal gründlich untersucht werden."
Da ich seine Mutter nicht unnötig beunruhigen wollte, setzte ich Robert zunächst einmal wirklich so nahe wie möglich zu mir.
Es deutete jedoch nichts darauf hin, daß er irgend etwas von dem, was in der Schule gesprochen wurde, nicht oder schlechter als die anderen verstünde.
Als auch die Untersuchung in München keinen Befund erbrachte, war ich mir völlig sicher: Robert hatte keinen Hör-, sondern einen Horchschaden! Dieser „Horchschaden" machte sich vornehmlich zu Hause bemerkbar, wo er, wie seine Mutter klagte, „einfach nicht hörte". Er tat genau das, was er wollte, war bemerkenswert unfolgsam und benahm sich mit Vorliebe im Beisein von Gästen daneben.

Nachdem ich mit den Eltern verschiedene Gespräche geführt hatte, verstand ich auch, warum er so reagierte: Der Vater war sehr streng und fordernd, wollte seinem Sohn bereits im Vorschulalter alles mögliche – unter anderem das Schachspiel! – beibringen und erwartete von ihm, daß er klüger und leistungsstärker als seine Schulkameraden sei.

Die Mutter spielte in der Familie offensichtlich eine untergeordnete Rolle. Sie hatte dafür zu sorgen, daß „alles lief" und daß der Vater abends nicht mit irgendwelchen Schwierigkeiten behelligt wurde. In ihrer Besorgnis, alles richtig zu machen, redete sie fast pausenlos auf Robert ein, maßregelte und belehrte ihn dauernd. Dem häuslichen Zwang und der Überforderung hatte sich Robert, der ein sehr aufgeweckter und eigenwilliger Bub war, schon früh widersetzt: Bereits im Alter von drei Jahren hatte ihn die Mutter kaum mehr bändigen können.

So war es zu dem Zustand gekommen, der vorlag, als Robert eingeschult wurde: Er konnte tadellos hören, aber nicht „horchen" und schon gleich gar nicht „ge-horchen".

Wir wissen bereits:
Wenn unseren Ohren das, was sie zu hören bekommen, zuviel wird, schalten sie ab. Dann besitzen wir zwar ein voll funktionsfähiges Werkzeug – unser Ohr –, aber unser Gehirn weigert sich des öfteren, es zu benutzen.

Kinder, die nicht horchen können, werden auch nicht ge-horchen, und das bedeutet eine schwere Beeinträchtigung des familiären Miteinanders.

Die Erziehung zum bewußten und genauen Hinhorchen ist der erste Schritt, um unsere Kinder auf ein Leben in der Gemeinschaft vorzubereiten.

Horch-Erziehung ist auch Spracherziehung, denn wir lernen unsere Muttersprache über das Ohr.

Nicht zuletzt werden durch die Fähigkeit, genau zu hören und verbale Botschaften zu verstehen, auch die

Chancen, später in der Schule erfolgreich zu lernen, deutlich verbessert.

Es ist so einfach, von Anfang an das Richtige zu tun, viel einfacher, als später die Fehler „auszubügeln", die aus Unwissenheit oder Leichtsinn in den ersten Jahren gemacht wurden.

Wenn die Tätigkeit des Hörens für kleine Kinder überwiegend mit angenehmen Erfahrungen verknüpft ist, wird es ihnen auch mehr Spaß machen, genau hinzuhören.

Horch mal, wer da spricht!

Am Beispiel von Robert haben wir es gesehen: Wenn wir immer nur Unerfreuliches hören, kann das dazu führen, daß wir unsere Ohren einfach verschließen. Dabei kommt es zunächst zu einem Zustand, den die Psychologen „selektive Taubheit" nennen, also eine Taubheit nur im Zusammenhang mit bestimmten Situationen oder Personen. Es gibt auch die „Muttertaubheit": Alles, was Mama sagt, wird nicht richtig wahrgenommen.

So etwas finde ich besonders traurig, denn gerade die Mutter hat die Chance, über ihre Stimme stärker als andere Menschen auf ihr Kind einzuwirken. Während der Schwangerschaft hat der Embryo seine Mutter intensiver gehört als alles andere: Die Schwingungen ihrer Stimme erreichten sein Ohr aller Wahrscheinlichkeit nach durch die Knochenleitung der Wirbelsäule, wurden also sehr viel direkter übertragen als andere Geräusche, die über die verschiedenen Gewebe und das Fruchtwasser weitergeleitet wurden.

Der erste Schritt, ein Kind zum Zuhören zu motivieren, ist deshalb einfach: Sprechen Sie oft und liebevoll mit ihm. Wenn Sie das während der Schwangerschaft noch nicht getan haben, dann fangen Sie gleich nach der Geburt damit an. Sollte Ihr Kind bereits einige Jahre alt sein, können Sie immer noch viel Positives bewirken. Und selbstverständlich gilt das genauso gut für die Väter.

Wir alle mögen es, wenn ein anderer Mensch zeigt, daß er uns mag und uns interessant findet.

Auch Ihr Kind wird Ihnen gerne zuhören, wenn Sie ihm immer wieder sagen, wie lieb sie es haben, wie gut es Ihnen gefällt, wie glücklich Sie über seine Existenz sind.

Darüber hinaus können Sie mit ihm über alles plaudern, was Sie bewegt. Glauben Sie nicht, es verstünde Sie ja doch nicht. In einem sehr vordergründigen Sinn, was den genauen Inhalt Ihrer Gespräche betrifft, mag das ja vielleicht stimmen: Wenn Sie Ihrem Kind gerade erzählt haben, daß Sie auf den Kundendienst für Ihre Waschmaschine warten, wird es bestimmt beim Läuten der Türglocke nicht denken: „Aha, der Kundendienst!" Insofern haben Skeptiker recht.

Es versteht aber sehr genau, ob Sie liebevoll, gereizt oder gelangweilt mit ihm reden und wird seine Ohren je nachdem an- oder abschalten. Da auch das Sprechenlernen – wie das Gehorchen – von der Funktion des Gehörs abhängt, wird nicht nur der Keim für genaues Hinhören, sondern auch für die Freude am Erlernen der Muttersprache sehr früh gelegt.

Tun Sie deshalb alles, um Ihrem Kind das Zuhören „schmackhaft" zu machen:

Sprechen Sie oft und liebevoll mit ihm!

Achten Sie auf den Tonfall Ihrer Stimme: Ist er so, daß Sie sich selbst gerne lauschen würden?

Machen Sie sich immer wieder bewußt, daß Ihre Stimme – nicht der Inhalt der Worte – die Botschaft für Ihr Kleinkind darstellt.

Zusammenfassung der Möglichkeiten, die akustische Umgebung Ihres Kindes vom ersten Lebenstag an so zu gestalten, daß geistige und seelische Entwicklung gefördert werden

- Schützen Sie Ihr Kind vor schädlichen Geräuschen, die lähmend und erstarrend wirken: Maschinenlärm, Summen von Klimaanlagen, Fernsehern, Computern.
- Verzichten Sie auf das Anhören von Musik, bei der die Bässe deutlich herauszuhören sind, wie Rockmusik, Techno, Rave.
- Hören Sie mit Ihrem Kind klassische Musik, bevorzugt solche, in der Geigen und Flöten dominieren. Mozart-Musik ist besonders zu empfehlen.
- „Lernen" Sie allerdings zuerst einmal selbst, an klassischer Musik Gefallen zu finden. Die Vorschläge auf S. 48 können Ihnen dabei vielleicht helfen.
- Auch nicht-klassische Geigenmusik, zum Beispiel Aufnahmen von Helmut Zacharias oder von einem Tanzorchester, kann verwendet werden.
- Dosieren Sie die Musikerlebnisse bewußt so, daß es auch „Inseln der Stille" für Sie und Ihr Kind gibt.
- Vermeiden Sie jegliche „Dauerberieselung", und lassen Sie das Kind auf keinen Fall in einem Zimmer schlafen, in dem Radio oder Fernseher laufen.
- Sprechen Sie von Anfang an oft und liebevoll mit Ihrem Kind. Achten Sie auf die Klangfarbe Ihrer Stimme! Wenn bereits Ihr Baby die Erfahrung macht, daß es angenehm ist, auf die Stimme seiner Mutter zu hören, wird es wahrscheinlich diese Gewohnheit auch später beibehalten. Das erleichtert nicht nur den Umgang mit Ihrem Kind, sondern fördert auch seine Intelligenz.

Förderung der Intelligenz über das Ohr: Jetzt bist du dran! Wir werden aktiv

Während es bisher darum ging, die akustische Umgebung Ihres Kindes so zu gestalten, daß günstige Voraussetzungen für eine positive Entwicklung geschaffen werden, soll im folgenden Kapitel die aktive Förderung der Fähigkeiten „rund um das Ohr" im Vordergrund stehen.

Die Erfolgsaussichten sind desto besser, je weniger Bekanntschaft Ihr Kind mit den oben angeführten Negativerfahrungen gemacht hat.

Diese Bereiche verdienen unsere besondere Aufmerksamkeit: Rhythmus, Tanz, Verse, Sprache, Gesang.

Vielleicht kommen Sie jetzt etwas übereilt zu dem Schluß, außer dem Bereich „Sprache" sei das alles nichts für Sie.

Es mag ja sein, daß Ihnen eigene Erfahrungen auf den verschiedenen Gebieten bisher fehlen oder daß Sie noch voller Schrecken an negative Erlebnisse denken, die Sie vielleicht in der Schule mit dem einen oder anderen hatten.

Nur keine Panik!

Sie sollen gar nicht alles auf einmal können!

Wie verspeist man einen Elefanten? In kleinen Bissen!

Und so soll es auch hier sein! Ich möchte Sie langsam und schrittweise mit den Möglichkeiten bekanntmachen, die Sie haben, um das Gehör Ihres Kindes gezielt zu fördern. Gehörförderung ist Intelligenzförderung. Deshalb sollten Eltern die Gelegenheiten, die sich hier ergeben, nutzen, auch wenn sie dafür zunächst umdenken oder etwas Neues lernen müssen.

Stimulierung ist für unser Gehirn *die* Grundlage für die Entwicklung des Denkvermögens schlechthin. Dazu gehört alles, was wir sehen, hören, riechen, schmecken, tasten und fühlen sowie jede unserer Bewegungen.

Dabei nehmen die Sinnesreize, die über das Innenohr an die Großhirnrinde weitergeleitet werden, eine besondere Stellung ein. Nach J. E. Berendt[14] liefern sie dem Gehirn 90 Prozent seiner Anregungen.

Überspitzt ausgedrückt, könnte man fast sagen: „Ohne Hören kein Denken", oder genauer: „Ohne Ohren kein Denken".

Diese Behauptung hat durchaus ihre Berechtigung, wenn wir bedenken, daß in der Entwicklung der menschlichen Art – der Phylogenese – das Gehirn aus dem Hörorgan hervorgegangen ist.[15] Tomatis geht sogar so weit, es als „Urgehirn" zu bezeichnen.[16]

Auf alle Fälle leistet es weit mehr als nur das Aufnehmen von Geräuschen.

Diese „anderen" Funktionen des Gehörs sind übrigens für gewöhnlich auch bei gehörlosen Menschen intakt:

das Registrieren aller Bewegungen und Körperhaltungen im Innenohr;

das Herstellen des Körpergleichgewichts;

das Ermöglichen der aufrechten Körperhaltung;

die Kontrolle über den Muskeltonus;

das Erfassen von Rhythmen.

Rhythmen trainieren das Innenohr

Für das Erfassen von Rhythmen ist das Gleichgewichtsorgan im Innenohr zuständig.

Alfred Tomatis stellt eine Verbindung her zwischen der Einwirkung von Rhythmen auf das Gleichgewichtsorgan und der Entstehung eines „Körperbildes".

In der Pädagogik meinen wir damit die Vorstellung des eigenen Körpers, all seiner Bestandteile und ihrer Lage.

Vorhandensein oder Fehlen dieses Körperbildes stellen ein wichtiges Merkmal für die geistige Reife eines Kindes dar.

Wenn es in die Schule kommt, sollte es dieses verinnerlichte Bild seiner selbst unbedingt haben und die einzelnen Körperteile auch benennen können.

Warum das so wichtig ist, wird uns deutlich, wenn wir die Zusammenhänge betrachten:

Das Bewußtsein des eigenen Körpers und die Orientierung an ihm bilden die Grundlage für eine Orientierung im Raum.

Diese bildet wiederum die Grundlage für mathematisches Denken schlechthin.

Nun kann man sicher nicht einfach behaupten, rhythmische Förderung garantiere mathematische Begabung. Vor einer derart mechanistischen Betrachtungsweise habe ich ja bereits mehrfach gewarnt.

Andererseits ist es aber eine unbestrittene Tatsache, daß „höhere" Intelligenzleistungen als Voraussetzung eine Reihe von grundlegenden Fähigkeiten benötigen. Und mathematische Begabung hat zu tun mit räumlicher Orientierungsfähigkeit.

Wenn wir das Ganze betrachten, ergibt sich folgende Verknüpfung:

Erfahrungen mit rhythmischer Bewegung

Aufbau eines Körperbildes

Orientierung am eigenen Körper

Orientierung im Raum

Verständnis mathematischer Zusammenhänge

Aus meiner praktischen Erfahrung kann ich diese Überlegungen ergänzen durch die Feststellung, daß immer weniger Kinder bei der Einschulung folgende Grundvoraussetzungen mitbringen:
einfache Rhythmen klatschen können;
sich am eigenen Körper orientieren und die Teile benennen können;
sich im Raum zurechtfinden.

Besonders bedeutsam finde ich es in diesem Zusammenhang, daß unter den vielen Lernstörungen, die in den letzten zehn Jahren verstärkt auftreten, die Rechenstörung – Dyscalculie – immer häufiger vorkommt.
    Warum das so ist, können wir bestenfalls vermuten.
    Ein Zusammenhang scheint mir hier offenkundig: Die „modernen" Kinder machen eine Reihe von Grunderfahrungen nicht mehr, die früheren Generationen selbstverständlich waren. Deshalb darf es einen eigentlich nicht wundern, wenn sie auch eine Reihe von Grundkenntnissen und -fähigkeiten, die sie für erfolgreiches Lernen bräuchten, nicht mehr besitzen.
    Bleiben wir bei der rhythmischen Förderung.
    Sie ist einerseits im Hinblick auf die geschilderten Zusammenhänge von größter Bedeutung und andererseits als Möglichkeit, das Innenohr zu aktivieren.
    Über das „Warum" haben Sie nun einiges erfahren, und so wenden wir uns jetzt dem „Wie" zu.
    „Rhythmische Förderung" meint etwas sehr Einfaches, etwas, das für frühere Kindergenerationen selbstverständlich war. Die einfachste Form, bereits Ihrem Säugling die Erfahrung rhythmischer Bewegung zu vermitteln, ist das Wiegen auf dem Arm.
    Dieses Wiegen wird im süddeutschen Sprachraum lautmalerisch dargestellt durch die Silben:

Hutschei – hei – ei.
Sicher gibt es in jedem anderen Dialekt etwas Entsprechendes dafür.
Daraus lassen sich leicht Verse machen, die das Wiegen begleiten, zum Beispiel:

Hutschei – hei – ei,
hutschei – hei,
immer ist mein Kind dabei.

Oder:

Hutschei – hei – ei,
hutschei – hei,
Kind und Mama, das sind zwei.

Wenn ein Baby gewickelt wird, ist es für die meisten Mütter selbstverständlich, mit ihm zu plaudern. Krabbeln Sie mit Zeige- und Mittelfinger auf seinem Bauch oder seinen Armen und Beinen auf und ab und sprechen Sie im Krabbelrhythmus einen der zahlreichen alten Kinderreime.
Hier einige Beispiele:

Kommt die Maus,
baut ein Haus.
Kommt ein Mückchen,
baut ein Brückchen.
Kommt ein Floh,
macht si, sa, so!

Auf dem Berge Ararat
sitzt die Mutter Pietschen.
Wenn sie nichts zu essen hat,
fängt sie an zu quietschen.

Genausogut können Sie einfache Reime, passend zu jeder Gelegenheit, selbst erfinden und dazu rhythmisch entweder mit den Fingern krabbeln oder sanft auf Bauch, Brust oder Schultern klopfen oder auch Hände, Füße, Finger oder Zehen Ihres Kindes im Takt bewegen.

Hier ein Beispiel für einen „selbstgebastelten" Reim, den man gut beim Wickeln sagen kann oder immer dann, wenn das Kind barfuß geht. Dabei werden der Reihe nach erst die Zehen des einen Fußes, dann die des anderen sanft auf und ab bewegt.

Beginnen wir mit dem rechten Fuß:

1 – 2 – 3 – 4 – 5 –   *bei jeder Zahl eine Zehe bewegen*

mein Kind hat keine Strümpf'   *dasselbe noch einmal: bei jedem Wort eine Zehe bewegen.*

Nun wechseln wir zum linken Fuß:

6 – 7 – 8 – 9 – 10 –   *bei jeder Zahl eine Zehe bewegen*

dann muß es barfuß geh'n.   *dasselbe noch einmal: bei jedem Wort eine Zehe bewegen.*

Ist Ihr Kind schon ein, zwei oder auch drei Jahre alt, wird es an den althergebrachten Fingerspielen und Knie-Reiterliedchen große Freude haben und wahrscheinlich so schnell gar nicht genug davon bekommen.

Die Verbindung von rhythmischem Sprechen und den dazu passenden Bewegungen vermittelt auf leichte und ungekünstelte Weise wichtige Grunderfahrungen, die für viele Kinder leider nicht mehr selbstverständlich sind.

Suchen Sie sich aus dem überaus reichhaltigen Angebot, das es in verschiedenen Büchern gibt, diejenigen Reime aus, die Ihnen persönlich liegen.

Viele Anregungen finden Sie in den beiden Bänden „Allerleirauh" von H. M. Enzensberger[17] und „Das ist der Daumen Knudeldick" von Marga Arndt und Waltraud Singer.

Sie brauchen kein überwältigendes Repertoire. Wenn ich zurückdenke, war es in der Kindheit meiner Tochter eine Handvoll Verse, die sie besonders liebte und immer wieder hören wollte. Ich zitiere sie hier. Vielleicht gefallen Sie auch Ihnen.

Ein besonderer Favorit war bei Maxi von sehr klein auf der folgende Reim, bei dem zum ersten Wort jeder Zeile leicht auf die flache Hand geklatscht wurde, als bekäme sie ein Geldstück. Bei der letzten Zeile wurde sie in der Handfläche gekitzelt:

Da hast ein Taler,
gehst auf den Markt,
kaufst dir 'ne Kuh,
Kälbchen dazu.
Kälbchen hat ein Schwänzchen,
kille, kille, kille.

Einen plattdeutschen Vers, zu dem sie einfach rhythmisch auf den Knien vor und zurück geschaukelt wurde, hat uns ihr aus Pommern stammender Urgroßvater überliefert:
Wipp, wapp, Hosenklapp,
de Möller schit in'n Soltnapp.

Sehr beliebt waren auch die beiden folgenden Reime: „Himpelchen und Pimpelchen" und „Auf einmal geht die Haustür auf".

Himpelchen und Pimpelchen

Himpelchen und Pimpelchen
stiegen auf den Berg.
Zeige- und Mittelfinger krabbeln am Unterarm des
Kindes im Sprechrhythmus nach oben bis zur Hand

Himpelchen war ein Heinzelmann
den Daumen des Kindes anfassen

und Pimpelchen ein Zwerg.
den Zeigefinger des Kindes anfassen

Sie blieben lange da oben sitzen
Daumen und Zeigefinger des Kindes gerade ausstrecken

und wackelten mit den Zipfelmützen.
mit je einer Hand Daumen und Zeigefinger des Kindes nehmen und rhythmisch hin und her wackeln

Doch nach vierundzwanzig Wochen
sind sie in den Berg gekrochen.
Finger zur Faust ballen und eine Hand darüber legen

Da liegen sie in guter Ruh,
sei mal still und höre zu:
Krrr, krrr, krrr.
an der geschlossenen Faust horchen und dazu Schnarchgeräusche machen

Auf einmal geht die Haustür auf

Auf einmal geht die Haustür auf,
die Hand des Kindes nehmen und rhythmisch auf und ab bewegen

kommt ein Mann die Treppe rauf:
mit Zeige- und Mittelfinger im Sprechrhythmus am Arm bis zur Schulter hochkrabbeln

Erst läutet er,
am Ohrläppchen „läuten"

dann klopft er an.
an der Stirn „anklopfen"

„Guten Tag, Herr Zipfelmann!"
die Nase nehmen und „Guten Tag" sagen

Wenn Sie Ihr Kind auf den Schoß nehmen und zu einem der bekannten Knie-Reiterliedchen im Takt auf und ab hoppeln lassen, wird der Rhythmus im ganzen Körper spürbar. Das stellt eine deutlich stärkere Stimulierung des Innenohrs dar als das Krabbeln, Klopfen oder das Bewegen von Händen, Fingern oder Zehen.

Zwei Knie-Reiterverse mag ich selbst gerne und habe sie deshalb auch für meine Tochter oft aufgesagt.

Den einen, „Hoppe, hoppe, Reiter", kennen Sie wahrscheinlich schon, zumindest in seiner kürzeren Fassung:

Hoppe, hoppe, Reiter,
wenn er fällt, dann schreit er,
fällt er in den Graben,
fressen ihn die Raben,
fällt er in den Sumpf,
dann macht der Reiter
Plumps! *Knie öffnen, Kind durch die geöffneten Knie fallen lassen und auffangen.*

Von diesem Vers gibt es auch eine reizvollere und längere Fassung, die ich dem Band „Allerleirauh"[18] entnommen habe:

Hoppe hoppe Reiter,
wenn er fällt, dann schreit er.
Fällt er in den Teich,
findt ihn keiner gleich.
Fällt er in die Hecken,
fressen ihn die Schnecken,
fressen ihn die Müllermücken,

die ihn vorn und hinten zwicken.
Fällt er in den tiefen Schnee,
dann gefällts ihm nimmemeh.
Fällt er in den Graben,
fressen ihn die Raben.
Fällt er in den Sumpf,
dann macht er einen Plumpf. *Kind „fallen" lassen wie oben*

Meinen Lieblingsvers für das Hoppe-Reiter-Spiel möchte ich Ihnen auf keinen Fall vorenthalten:

Ein alter
Posthalter
von siebenzig Jahrn,
der wollt auf zwei Schimmeln
ins Himmelreich fahrn.
Die Schimmel, die Schimmel,
die waren so keck,
und warfen den alten
Posthalter
in 'n Dreck. *Kind wieder „fallen" lassen.*

Der „Clou" all dieser Knie-Reiterliedchen ist es, daß nach dem gleichmäßig-rhythmischen Gehoppel das Kind beim letzten Wort durch die plötzlich geöffneten Knie nach unten fällt und dabei aufgefangen wird.

Wenn Sie erst einmal damit begonnen haben, die vielen Gelegenheiten, bei denen Sie Ihr Kind auf dem Arm tragen oder wickeln und später auf dem Schoß sitzen haben, für ein Fingerspiel, einen Krabbelvers oder ein Reiterlied zu nutzen, dann wird das für Sie so selbstverständlich werden, daß Sie diese wirkungsvolle Art der Förderung „ganz nebenbei", ohne großartigen Zeitaufwand und immer wieder, „ans Kind" bringen.

Meine Tochter hatte an derartigen Spielen lange ihren Spaß. Sie kann sich an die Reime, die ich hier aufgeschrieben habe, noch gut erinnern.

Bei allem, was ich bisher zum Thema „rhythmische Förderung" angeführt habe, bleibt Ihr Kind insofern passiv, als Sie den Rhythmus durch Krabbeln, Klopfen, Hoppeln auf dem Knie usw. vorgeben.

Diese passive Vorstufe halte ich für sehr wichtig,

denn Rhythmen, die wir klatschen, klopfen oder tanzen, müssen aus unserem Inneren kommen, sie müssen uns erst einmal in Fleisch und Blut übergegangen sein, bevor wir sie aktiv wiedergeben können.

Jegliche Förderung geschieht am wirkungsvollsten von innen nach außen.

Ohne Ein-Druck kann es keinen Aus-Druck geben:
das Vorlesen kommt vor dem Selber-Lesen,
das Angesprochen-Werden vor dem Selber-Sprechen,
das Vorsingen vor dem Selber-Singen
und das Erleben von Rhythmen vor dem Selber-Klatschen und -Tanzen.

Ein poetischer Vergleich drängt sich mir hier auf: Wenn Sie Ihrem Kind durch liebevolle Beschäftigung mit ihm die nötigen Eindrücke verschaffen, ist das so, als würden Sie verschiedene Samen in die Erde setzen.

Wo nichts gesät wird, kann nichts aufgehen, das leuchtet jedem ein. Und diese primäre Förderung des „Säens" kann nur im Elternhaus erfolgen. Alles, was später, im Kindergarten, in der Schule, in verschiedenen Kinderkursen, geschieht, kann bestenfalls eine Fortsetzung der frühkindlichen Förderung durch die Eltern sein, diese aber niemals ersetzen.

Ich habe im Laufe der Zeit an Hunderten von Kindern beobachten konnte, wie positiv es sich auf Intelligenz und Persönlichkeitsentwicklung auswirkt, wenn sie in den ersten Lebensjahren grundlegende Erfahrungen machen durften und wie verhängnisvoll es sein kann, wenn man diesen so besonders fruchtbaren Entwicklungszeitraum ungenutzt verstreichen läßt.

Kinder, die in den Genuß der „altmodischen" Krabbelverse und Knie-Reiterliedchen kommen, werden bald Teile davon oder auch ganze Reime nachplappern. Das leitet eine aktive Phase der Beschäftigung mit Rhythmen ein. Es gibt viele einfache Kindergedichte, zu denen man gut klatschen, hüpfen oder gehen kann, wie zum Beispiel dieses:

Meine Mu,
meine Mu,
meine Mutter schickt mich her,
ob der Ku,
ob der Ku,
ob der Kuchen fertig wär.
Wenn er no,
wenn er no,
wenn er noch nicht fertig wär,
käm ich mo,
käm ich mo,
käm ich morgen wieder her.

Dieses Gedicht bietet eine ganze Reihe einfacher Spielmöglichkeiten:

1. <u>Patschen und Klatschen</u>
Zu den beiden ersten Silben jeder Zeile mit der flachen Hand auf die Schenkel oder den Tisch patschen,
zu den restlichen Silben in die Hände klatschen:

Mei –   ne   Mu
patsch   *patsch*   *klatsch*

Mei –   ne   Mu
patsch   *patsch*   *klatsch*

Mei – ne Mut – ter schickt mich her
patsch patsch klatsch klatsch klatsch klatsch klatsch
usw.

2. Mit dem Kochlöffel klopfen

Beschäftigung mit Ihrem Kind bietet sich immer dann besonders an, wenn es Ihnen beim Kochen Gesellschaft leistet. Geben Sie ihm einen Kochlöffel, einen Topf und ein Holzbrett und zeigen Sie ihm, wie es mit diesem primitiven Schlagzeug Musik machen kann. Musik, wohlgemerkt, nicht Lärm!

Auf die ersten beiden Silben jeder Zeile wird gegen den Topf geklopft, auf die restlichen Silben gegen das Holzbrett:

Mei – ne Mu
Topf Topf Brett

Mei – ne Mu
Topf Topf Brett

Mei – ne Mut – ter schickt mich her
Topf Topf Brett Brett Brett Brett Brett
usw.

3. Ringelreihen

Fassen Sie Ihr Kind an beiden Händen. Hüpfen Sie zu den drei Silben der kurzen Zeilen mit beiden Beinen hoch. Zu den langen Zeilen gehen Sie im Kreis herum:

Mei – ne Mu
hüpf hüpf hüpf

Mei – ne Mu
hüpf hüpf hüpf

Mei – ne Mut – ter schickt mich her
Ringelreihen
usw.

4. <u>Vorwärts und rückwärts gehen</u>
Nehmen Sie Ihr Kind an der Hand und gehen Sie mit ihm im Rhythmus des Gedichts, bei jeder Silbe einen Schritt. Gehen Sie zu den drei Silben der kurzen Zeilen vorwärts, jeweils zwei schnelle Schritte und einen langsamen.

Zu den sieben Silben der langen Zeilen gehen Sie rückwärts:

<u>Vorwärts:</u>
Mei – ne   Mu
Schritt Schritt Schritt

Mei – ne   Mu
Schritt Schritt Schritt

<u>Rückwärts:</u>
Mei – ne   Mut – ter   schickt   mich   her
Schritt Schritt Schritt Schritt Schritt Schritt Schritt
usw.

Einige ebenso ergiebige Gedichte möchte ich noch aufführen. Die Besonderheiten eines jeden nenne ich nur stichpunktartig. Sie können dann die bereits beschriebenen Spielmöglichkeiten anwenden oder selbst welche erfinden.
Frau Meier
kocht Eier,
Frau Schneider
näht Kleider,
Frau Zeller
wäscht Teller
im Keller.

Jede Zeile hat drei Silben, die – aufgezeigt an den vier bereits bekannten Möglichkeiten – so betont werden können:

patsch	– klatsch	– klatsch
oder		
Topf	– Brett	– Brett
oder		
hüpf	– Schritt	– Schritt
oder		
vorwärts	– rückwärts	– rückwärts

Weiß Papier und blau Papier
Mädel, nimm kein Offizier,
nix im Säckle, nix im Sack,
als ein Packerl Schnupftabak.

Bei diesem Vers wäre es eintönig, wenn alle vier Zeilen auf die gleiche Weise rhythmisch gestaltet würden, deshalb bietet sich hier ein Wechsel zwischen den einzelnen Zeilen an:

Zur 1. und die 3. Zeile kann jede einzelne Silbe durch Klatschen, Klopfen usw. betont werden, in der 2. und 4. Zeile wird gewechselt.

Beispiele:
1. und 3. Zeile: rhythmisch klatschen
2. und 4. Zeile: dirigieren

oder

1. und 3. Zeile: an den Händen fassen, zu jeder Silbe einen Schritt (auf der Stelle treten)
2. und 4. Zeile: Ringelreihen

oder

1. und 3. Zeile: mit dem Kochlöffel im Takt auf einen Topf klopfen, zu jeder zweiten Silbe, also viermal pro Zeile
2. und 4. Zeile: mit dem Kochlöffel am Topf rhythmisch hin und her reiben.

Falls Ihnen die Verse, die ich hier zitiert habe, gefallen, können Sie mit diesen geraume Zeit auskommen. Kopieren Sie sich einen oder mehrere davon, hängen Sie den Zettel an die Küchentür oder an eine andere Stelle Ihrer Wohnung, wo er Ihnen oft ins Auge fällt und Sie an die Möglichkeit, mit diesen Versen zu spielen, erinnert.

Kinder lieben ja besonders das Bekannte und wollen es Hunderte von Malen wiederholt haben. Der Reiz sollte deshalb für Sie als Eltern vor allem in der Reaktion Ihres Kindes liegen, in seiner Freude an den einfachen Spielen, in der Beschäftigung mit ihm. Wir neigen als Erwachsene vielleicht zu der Auffassung, es müsse immer wieder etwas Neues kommen, und die ständige Wiederholung des bereits Bekannten sei reizlos. Doch gerade das Gegenteil ist der Fall.

Schauen Sie nur einmal bewußt einem Kind zu, das seine ersten Schritte übt: Wie viele Male führt es immer wieder die gleichen Bewegungen aus, fällt hin, probiert es von neuem, und so fort.

Alles, was wir in unserem Leben an Grundlegendem lernen, erfordert tausendfache Wiederholung:
das gezielte Greifen;
das Hantieren mit Werkzeugen, ob es sich nun um einen Stift, eine Schere, Löffel, Messer oder Gabel handelt;
das Gehen;
das Sprechen;
das Lesen;
das Schreiben;
das Rechnen.

Je weiter fortgeschritten wir sind, je mehr an Basiswissen und -fähigkeiten wir besitzen, desto schneller erwerben wir neue Kenntnisse.

Deshalb muß unser Hauptaugenmerk auf den grundlegenden Fähigkeiten liegen.

Und diese müssen solide und „bombenfest" in unseren Kindern verankert werden. Noch einmal sei es betont: Wiederholung des bereits Bekannten ist für frühkindliche Lernprozesse das A und O. Deshalb sind auch einige wenige Verse, die bei allen möglichen Gelegenheiten gesprochen, gehüpft oder geklatscht werden, wesentlich sinnvoller als ein ganzes Buch davon, das nur selten hervorgeholt wird.

Neben dem Aufsagen von Gedichten kann auch der Rhythmus der ganz gewöhnlichen Alltagssprache bewußt gemacht werden. Carl Orff hat in seinem Schulwerk gezeigt, wie es möglich ist, Kindern selbst komplizierte Rhythmen eingängig zu machen, wenn sie mit Worten unterlegt werden.
Seine klassischen Beispiele sind denkbar einfach. Sie nutzen die natürlichen Unterschiede in der Silbenlänge.
Das können Sie leicht selbst ausprobieren.
Sagen Sie sich einige Male die beiden Wörter „Haselnuß" und „Birnbaum" im Wechsel vor und achten sie auf den Rhythmus, den jedes Wort „von selbst" hat.
Bei **„Haselnuß"** wäre die rhythmische Begleitung:
kurz – kurz – lang,
bei **„Birnbaum"** hingegen: **lang – lang**.
Wenn wir eine ganz einfache Notation benutzen, bei der ein Strich (–) „lang" und ein Kreuz (x) „kurz" bedeuten soll, sähe das so aus:
Ha – sel – nuß   Birn – baum
 x   x   –   –   –

Entdecken Sie die unterschiedlichen Rhythmen in den Begriffen, die Sie Ihrem Kind beibringen! Auf einem Spaziergang gibt es viel zu sehen, was sich dafür geradezu anbietet.
„Eichhörnchen" wird zum Beispiel, verglichen mit „Haselnuß", gerade „andersrum" betont, nämlich lang – kurz – kurz:

Eich – hörn – chen   **Ha – sel – nuß**
  –   x   x   x   x   –

Alle Alltagsbeschäftigungen können als Vorlage für rhythmische Gestaltung dienen. Wenn Sie mit Ihrem Kind reden und ihm erklären, was Sie gerade machen, fördern Sie es sprachlich. Wenn Sie darüber hinaus – ohne sich selbst Zwang anzutun, immer dann, wenn Sie Lust dazu haben und wenn es Ihnen gerade einfällt – ein oder zwei Sätze „vertonen", durch Klatschen, Klopfen, rhythmisches Gehen oder einfach durch betontes Sprechen, tragen Sie noch mehr zu seiner optimalen Entwicklung bei.

Einige Beispiele – mit der entsprechenden rhythmischen Notation: **x** für kurz und – für lang – sollen Ihnen den Anfang erleichtern.

Weil ich selbst immer Spaß am Erfinden von Reimen hatte, werden Sie neben einigen „normalen" Sätzen hauptsächlich Verse finden, denn: „Was sich reimt, ist gut!" sagte schon Pumuckl.

<u>Beim Tischdecken:</u>
Löf - fel und Ga - bel,
 x   x   x   –   x
die braucht der Schna - bel.
 x   x   x   –   x

Mei - ne Pup - pe mag gern Sup - pe,
 x   x   x   x   x   x   x   x
doch mein Bär mag sie mehr.
 x   x   –   x   x   –

Jetzt wird erst der Tisch ge - deckt,
 x   x   x   x   x   x   –
dann gibt's Es - sen, das gut schmeckt.
 x   x   x   x   x   x   –

<u>In der Küche:</u>
Heu - te gibt es Kirsch - ku - chen!
x   x   x   x   –   x   x

Knö - del sind rund,
x   x   x   –
das ist ge - sund!
x   x   x   –

Heu - te gibt's was Fei - nes
x   x   x   x   –   –
für mein Kind, mein klei - nes!
x   x   x   x   –   –

Zwie - beln schnei - den, Zwie - beln schnei - den
–   –   –   –   –   –   –   –

Pe - ter - si - lie hak - ken, Pe - ter - si - lie hak - ken
x   x   x   x   –   –   x   x   x   x   –   –

Milch ko - chen, Milch ko - chen
–   x   x   –   x   x

Neben der einfachen Gestaltungsmöglichkeit, nur nach gleichmäßig langen und kurzen Silben zu unterscheiden, gibt es natürlich noch „raffiniertere" Arten der Rhythmisierung, zum Beispiel mit unregelmäßigen Längen und Kürzen, den Punktierungen, wie sie in der Sprache der Musik heißen. Wenn Sie sich darunter nichts vorstellen können, brauchen Sie nur einige Male betont zu sagen:
„Gal**opp**, Gal**opp**, Gal**opp**
oder
*Dsching*darassa bum bum, *Dsching*darassa bum bum".

Sie werden wahrscheinlich merken, daß Sie ganz von selbst unregelmäßig betonen, weil es sich hier einfach anbietet.

Wenn Sie mit Ihrem Kind zusammen die verschiedenen Rhythmen in Wörtern, Sätzen und Versen entdecken, dann bleibt es sicher nicht aus, daß Ihnen alle möglichen Variationsmöglichkeiten einfallen.

Entscheidend ist, daß Sie selbst Spaß daran haben.

Tanzen – die Fortsetzung rhythmischer Förderung

Wer Freude am Klatschen und Klopfen von Rhythmen hat, wird auch den Drang verspüren, sich entsprechend zu bewegen. Dieser Drang ist bei den Erwachsenen meist verschüttet, begraben unter der Befürchtung, etwas „falsch" zu machen oder nicht richtig zu können. Im Umgang mit Ihrem Kind können Sie diese Befürchtungen vergessen: Es wird Sie nicht nach der ästhetischen Qualität Ihrer Tanzdarbietungen beurteilen, sondern ein elementares Vergnügen empfinden, wenn Sie es auf den Arm nehmen, mit ihm Walzer oder Tango tanzen oder sich „einfach so" nach Musik bewegen, wie es Ihnen gerade einfällt.

Lassen Sie Ihre eigene Freude an rhythmischer Bewegung wieder zu, entdecken Sie, wieviel Schwung bereits einige einfache Tanzschritte in den Alltag bringen können. Tanz ist Balsam für die Seele. Nicht umsonst besitzt er im Leben der „primitiven" Völker einen derart großen Stellenwert. Nicht umsonst wird seine heilsame Kraft in der Tanz-Therapie genutzt.

Sie tun deshalb für Ihr Kind auf mehreren Ebenen sehr viel Gutes, wenn Sie mit ihm tanzen:
- rhythmische Bewegung stimuliert das Innenohr und fördert den Gleichgewichtssinn;
- Aktivierung des Innenohrs bedeutet Anregung der Großhirnrinde;
- Sich-Ausdrücken durch den Körper ist wohltuend für das seelische Gleichgewicht;
- seelische Ausgeglichenheit erhöht die Leistungsfähigkeit;

- rhythmische Bewegung im Raum fördert die räumliche Orientierung;
- räumliche Orientierungsfähigkeit ist eine wichtige Voraussetzung für das Begreifen mathematischer Zusammenhänge.

Auch beim Tanzen sind passive Erfahrungen ein wichtiger Wegbereiter für aktives Tun.

Rhythmisches Wiegen und Hoppe-Reiter-Spiele gehören ebenso hierher wie das Ausführen einiger Tanzschritte mit dem Kind auf dem Arm.

Meine Tochter „tanzte" ihren ersten Walzer mit sechs Wochen: Es war Silvesterabend. Wir feierten mit unserem Baby zu Hause, und als im Radio ein beschwingter Wiener Walzer kam, „juckte" es mich derart in den Beinen, daß ich Maxi auf den Arm nahm und mit ihr durchs Zimmer walzte.

Eine erste Form des aktiven Tanzens bilden die rhythmischen Bewegungsspiele, die ich als Gestaltungsmöglichkeit für verschiedene Verse im vorigen Abschnitt aufgeführt habe.

Genauso unkompliziert sind die Tänze, die es zu altüberlieferten Kinderliedern gibt. Einige davon werde ich wieder aufführen.

Sollten Sie Bedenken haben, Sie seien damit überfordert, können Sie Kassetten mit Kindertänzen kaufen. Informationen dazu erhalten Sie beim Verlag[19].

Es gibt auch ein äußerst empfehlenswertes Buch mit vielen Tanzliedern und sehr anschaulichen Tanzbeschreibungen dazu:

Anneliese Gaß-Tutt, Tanzkarussell 1[20].

Doch nun zu den konkreten Beispielen. Das eine oder andere Lied werden Sie vielleicht kennen.

Ringel, Ringel Reihe

Dieses Tanzliedchen gehört zu den einfachsten, die Sie Ihrem Kind beibringen können. Es ist schon für Zweijährige geeignet.

Ringel, Ringel, Reihe, Kinder sind wir dreie,

An den Händen gefaßt im Kreis herumgehen

sitzen unterm Hollerbusch, machen alle husch, husch, husch.

Kehrtmachen, andersherum gehen, in die Hocke gehen

Zeigt her eure Füßchen

Dieses Tanzlied ist wirklich ein „Klassiker", den schon Generationen von Kindern gesungen haben. Der Text spiegelt zwar nicht mehr die Erlebniswelt der Kinder wieder. In vielen Kinderbüchern gibt es jedoch Bilder davon, wie es früher war. Ich finde es gar nicht schlecht, wenn so ein altmodisches Liedchen einen Anlaß zu Fragen bildet und man dann darüber sprechen kann, wie der Alltag der Frauen vor vierzig oder fünfzig Jahren ausgesehen hat.

Aufstellung: Mutter und Kind stehen sich gegenüber und halten einander an den Händen.

Zeigt her eure Füßchen, zeigt her eure Schuh

Im Takt abwechselnd rechten und linken Fuß vorsetzen

und sehet den fleißigen Waschfrauen zu:

wie in der ersten Zeile

Sie waschen, sie waschen, sie waschen den ganzen Tag.

Die Bewegung des Wäschewaschens wird imitiert

<u>Weitere Strophen:</u>
Sie winden, trocknen, bügeln, tanzen den ganzen Tag.
Bei jeder Strophe werden die zur jeweiligen Tätigkeit passenden Bewegungen gemacht, bei der letzten Strophe – sie tanzen – wird im Kreis herumgetanzt.

Ri, ra, rutsch

Ri, ra, rutsch, wir fahren mit der Kutsch. Wir

An den Händen fassen und im Kreis herumgehen.
Bei „rutsch" und „Kutsch" einmal hochspringen.

fahren mit der Schneckenpost, wo es keinen Pfennig kost.

Mit den Zeigefingern Schneckenhörner machen, im Kreis herumgehen.

Ri, ra, rutsch, wir fahren mit der Kutsch.

An den Händen fassen und im Kreis herumgehen.
Bei „rutsch" und „Kutsch" einmal hochspringen.

Weitere Strophen:

2. Ri, ra, ran! Wir fahren mit der Bahn.
   Wir fahren durch das weite Land,
   durch viele Städte unbekannt.
   Ri, ra, ran! Wir fahren mit der Bahn!

Zur ersten und vierten Zeile im Kreis gehen, bei „ran" und „Bahn" einmal hochspringen.
Zur zweiten und dritten Zeile im Kreis herum laufen, beide Arme als „Stromabnehmer" nach oben strecken.

3. Ri, ra, rus! Wir fahren mit dem Bus!
   Wir fahren über Berg und Tal,
   wo's schön ist, halten wir einmal.
   Ri, ra, rus, wir fahren mit dem Bus!

Zur ersten und vierten Zeile im Kreis gehen, bei „rus" und „Bus" einmal hochspringen.
Zur zweiten und dritten Zeile im Kreis gehen, mit den Händen ein imaginäres Steuerrad halten.

Eins, zwei, drei, vier, fünf, sechs, sieben, wo ist denn der Hans geblieben?

Dieses Lied wird nach der Melodie von „Auf der schwäb'sche Eisenbahne" gesungen. Es gibt auch eine andere Fassung davon, die mir aber nicht so gut gefällt, weil sie nicht so schwungvoll ist.

Eins, zwei, drei, vier, fünf, sechs, sieben, wo ist denn der Hans geblieben?

An den Händen fassen und im Kreis herum gehen. Tanzrichtung wechseln und andersherum gehen.

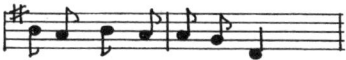

Ist nicht hier, und ist nicht da!

Hand über die Augen halten, bei „hier" nach der einen Seite ausschauen, bei „da" nach der anderen.

Ist wohl in Amerika!

An den Händen fassen und im Kreis herum springen.

Der Sandmann ist da

Bei diesem Lied wird nicht im Kreis herum, sondern auf und ab im Seitengalopp getanzt. Mutter und Kind nehmen sich an der Hand und hüpfen seitwärts im Galopp: ein Bein seitlich abspreizen, das andere mit dem nächsten Schritt danebenstellen, immer so weiter.

Der Sandmann ist da! Der Sandmann ist da! Er
Seitengalopp in eine Richtung. Galopprichtung wechseln.

hat so schönen, weißen Sand, ist
Galopprichtung wechseln.

allen Kindern wohlbekannt. Der Sandmann ist da!
Galopprichtung wechseln. Galopprichtung wechseln.

Singen – ein heikles Thema

Stimulierung des Ohres bedeutet Anregung des Gehirns. Sie haben bereits eine Reihe von Möglichkeiten kennengelernt, um diesen Zweck zu verfolgen.

Dabei können wir unser Augenmerk einerseits besonders auf das Gleichgewichtsorgan richten oder andererseits auf das Hörorgan im engeren Sinn. Natürlich ist diese Unterscheidung nur in der Theorie so deutlich zu treffen, denn in Wirklichkeit werden von vielen Tätigkeiten beide Bereiche des Innenohrs angesprochen, wenn auch der Schwerpunkt jeweils auf dem einen oder anderen liegt.

Während Tanz und Rhythmus in erster Linie das Gleichgewichtssystem ansprechen, ist eine besonders wirkungsvolle Anregung des Hörorgans, der Schnecke, über schönes und deutliches Sprechen und über Singen möglich.

Gerade diese Fähigkeiten werden nur wenigen Kindern

im Elternhaus gezielt vermittelt. Wie wichtig das Sprechen ist, werden wir im nächsten Absatz sehen.

Vorerst möchte ich mich mit der Bedeutung des Singens auseinandersetzen.

„Wo man singt, da laß dich ruhig nieder, böse Menschen haben keine Lieder", sagt der Volksmund. Freilich wäre es naiv, dieses Sprichwort allzu wörtlich zu nehmen. Etwas kann es uns aber sagen: Singen hat zu tun mit unserer seelischen Befindlichkeit, und wenn wir singen, geht es uns besser.

Warum gibt es dann so viele Menschen, die das Singen geradezu verweigern, regelrecht Angst davor zu haben scheinen?

Meiner Meinung nach wird bereits bei kleinen Kindern Unheil angerichtet durch die vorschnelle und unbedachte Äußerung: „Du kannst nicht singen!"

Wenn Sie sich nie damit beschäftigt haben, was Singen für Gehirn und Seele eines Menschen bedeuten kann, werden Sie das wahrscheinlich gar nicht so schlimm finden.

Deshalb möchte ich Ihnen eine Geschichte erzählen, die von Oliver Sacks, einem amerikanischen Neuropsychologen, stammt:[21] Ein Musikprofessor hatte einen Gehirntumor im rechten Hinterhauptslappen der Großhirnrinde. Mit fortschreitender Krankheit wurde er in seinen alltäglichen Verrichtungen immer mehr behindert. So war er zum Beispiel nicht mehr in der Lage, sich anzuziehen oder zu waschen, weil er die einzelnen Handgriffe, die dafür nötig waren, nicht mehr in der richtigen Reihenfolge ausführen und koordinieren konnte. Sang er jedoch während dieser Tätigkeiten ein Lied, so gelangen sie ihm: Durch das Singen konnte er ein Mindestmaß an Gehirnintegration wiederherstellen.

Auch hier können wir an einem gravierenden Fall wieder etwas lernen, was uns für die Erziehung und Förderung unserer Kinder, aber auch für uns selbst, von Nutzen sein kann.

Singen gehört – genauso wie übrigens das Tanzen – zu den integrierendsten Tätigkeiten überhaupt. Integration bedeutet im hier vorliegenden Kontext, daß die verschiedenen Bereiche unseres Gehirns zusammen- und nicht gegeneinander arbeiten.

Ein Musterbeispiel für fehlende Integration können wir unter starkem Zeitdruck oder emotionalem Streß erleben: Wir wissen dann buchstäblich nicht mehr, wo uns der Kopf steht, handeln ziel- und planlos und bringen nichts zuwege. In der Schule tritt dieser Zustand fehlender Integration bei Schülern auf, die unter Prüfungsangst leiden: Auch wenn sie ihren Stoff zu Hause noch so gut beherrschen, wissen sie in der Prüfungssituation nichts mehr.

Singen ist weit mehr als bloßer Zeitvertreib oder Kunstgenuß:

Es wirkt harmonisierend auf unsere Seele, regt die Großhirnrinde an und verhilft uns zu besserer Integration.

Es hat also positive Auswirkungen auf unsere Psyche, unseren Intellekt und die Fähigkeit, auch in schwierigen Situationen handlungsfähig zu bleiben.

In den Genuß dieser Vorteile kommen wir allerdings nur dann, wenn wir regelmäßig singen.

Falls Sie zu den Menschen gehören, denen die Freude am Singen nie erschlossen oder durch unvernünftige Äußerungen frühzeitig verdorben wurde, fällt es Ihnen wahrscheinlich sehr schwer, sich mit der Forderung, die sich daraus ergibt, anzufreunden.

Es gibt zwei Möglichkeiten:
1. Sie nehmen erst einmal selbst einige Einzelstunden bei einem Gesangslehrer, um grundlegende Hemmungen abzubauen. Das ist gar nicht so seltsam, wie es Ihnen vielleicht vorkommen mag. So gibt es zum Beispiel auch Menschen, die einen Gesangslehrer aufsuchen, um zu lernen, ihre Stimme beim Sprechen ökonomischer einzusetzen.

Sie werden von einigen Unterrichtsstunden bestimmt sehr viel profitieren und diese Investition nicht bereuen.
2. Sie probieren es einfach aus, wie es ist, wenn Sie Ihrem Kind vorsingen. Was soll schon passieren? Selbst wenn Sie der Meinung sein sollten, Sie könnten das überhaupt nicht und alles sei falsch, wird Ihr Kind Sie weder tadeln noch auslachen.

Da notorische Nicht-Sänger im Regelfall auch über kein Liedrepertoire verfügen, können Sie eine Kassette mit Kinderliedern kaufen, sich für **ein** Lied entscheiden, mit dem Sie anfangen wollen, und dieses dann immer wieder spielen, bis Sie es können. Falls Sie nun die Idee hätten, Ihr Kind könne das Lied doch gleich von der Kassette lernen, wäre das ein arger Trugschluß: Kassette, Radio oder Fernsehen ersetzen niemals den persönlichen Kontakt. Genauso wie Kinder, die von klein auf ihre Geschichten nur vom Kassettenrecorder oder Fernseher erzählt bekommen, im Regelfall nur über eine sehr eingeschränkte Sprache verfügen, werden auch Kinder, die nur Musikkassetten hören, das Singen allein davon nicht lernen.

So unbequem die Erkenntnis sein mag: Alles, was Ihr Kind können soll, müssen Sie selbst ihm vermitteln. Diese Forderung gilt uneingeschränkt im Hinblick auf alle grundlegenden Fähigkeiten, um die es bei der Begabungsförderung ja geht.

Sicher kann es später einmal eine Fremdsprache erlernen, die Sie nicht beherrschen. Aber das Verstehen und Anwenden von Sprache müssen Sie ihm vorher beigebracht haben.

So ist es auch mit dem Singen. Dabei spielt es offensichtlich nur eine untergeordnete Rolle, ob Sie selber „gut" oder nur „mittelmäßig" singen. Wichtig scheint zu sein, **daß** mit dem Kind gesungen wird, um die grundsätzliche Bereitschaft hierzu anzubahnen.

Ich halte es für eine sehr praktikable Lösung, wenn Sie

über das Anhören von Kassetten ein Lied lernen und das zunächst einmal an Ihr Kind weitergeben. Ist es schon zwei, drei oder mehr Jahre alt, können Sie es ja gemeinsam mit ihm lernen. Wichtig ist auch hier das häufige Wiederholen. **Nicht zehn oder zwanzig verschiedene Lieder hintereinander sind sinnvoll, sondern ein oder zwei davon, die so oft wiederholt werden, bis Sie und Ihr Kind sie singen können.**

Meine Tochter hatte mit drei Jahren eine große Vorliebe für das bayrische Adventslied „Es wird scho glei dumper". Dieses Lied ist melodisch recht anspruchsvoll und keineswegs ein typisches Kinderlied, schon gar nicht für eine Dreijährige. Immer wieder mußte ich es ihr vorsingen, besonders auf Autofahrten. Das ging so weit, daß ich es einmal auf der Strecke von Traunstein nach Wasserburg, also immerhin 40 Kilometer lang, nahezu ununterbrochen singen mußte. Maxi verlangte nach bestimmten Stellen, die sie wiederholt haben wollte, und fragte nach einzelnen Wörtern.

Als wir in Wasserburg ankamen, stieg sie aus dem Auto und sang ihrem Großvater das ganze Lied fehlerlos vor.

Das war das einzige Mal, daß mir ein derartiger „Gesangsmarathon" abverlangt wurde. Das lag wahrscheinlich an der besonderen Faszination, die gerade dieses Lied auf Maxi ausübte und auch daran, daß es doch ziemlich schwierig für sie war.

Wenn Sie anfangen, mit Ihrem Kind zu singen, konzentrieren Sie sich am besten zunächst auf die herkömmlichen, einfachen Kinderlieder.

Die in meinen Augen schönste Möglichkeit, das Singen von klein auf zu einem selbstverständlichen Bestandteil des Alltags zu machen, ist das Schlaflied.

Ich habe bereits davon gesprochen, wie wichtig die Stufe des passiven Erlebens als Vorbereitung des Selber-Tuns ist.

Am Abend fügt sich das Vorsingen ganz nahtlos und wie von selbst in den natürlichen Ablauf ein.

Wenn Sie Ihr Kind ins Bett bringen, beschäftigen Sie sich ohnehin intensiv mit ihm. Sie sind wahrscheinlich in einer anderen Stimmung als tagsüber, wenn noch alles Mögliche zu erledigen ist. So ist auch das Abendlied etwas Besonderes. Es vermittelt weit mehr als nur das vordergründig Sicht- oder besser gesagt: **Hör**-bare.

Als immer wiederkehrendes Ritual, das den Tag beschließt, bedeutet es ein Stück Sicherheit und Geborgenheit. Die Texte von Schlafliedern sind oft religiös und sprechen auch bei kleinen Kindern etwas an, das vielleicht nicht auf der bewußten Ebene wahrgenommen wird, aber dennoch – oder womöglich gerade deshalb – besonders wirksam ist.

Es gehört für mich zu den frühesten Erinnerungen an meinen Vater, daß er abends an meinem Bett saß und mir das Lied „Guten Abend, gut Nacht" von Johannes Brahms vorsang.

Ebenso untrennbar mit meiner Kindheit verknüpft ist das wunderschöne Abendlied „Der Mond ist aufgegangen" nach den Versen von Matthias Claudius.

Einige Textstellen berührten mich als kleines Kind sehr tief.

Beim Brahms-Lied waren das die Worte „Morgen früh, wenn Gott will, wirst du wieder geweckt".

Das „wenn Gott will" ist eine Erinnerung daran, daß es etwas gibt, das größer ist als wir. Ohne erhobenen Zeigefinger und religiöse Erklärung sprechen diese einfachen Worte an, was zu den Besonderheiten des Menschseins gehört: das Wissen um die Transzendenz, um das Vorhandensein von etwas Jenseitigem, ob wir es nun Gott oder auch anders nennen. Dieses Wissen ist in uns vorhanden und läßt sich weder verdrängen noch verleugnen. Selbst die grausamsten politischen Systeme haben es nicht fertiggebracht, den Menschen die Sehnsucht nach Transzendenz auszutreiben.

Ich halte es nicht für wichtig, unsere Kinder zum Gehorsam der einen oder anderen Glaubensgemeinschaft gegenüber zu erziehen, finde es aber unerläßlich, ihnen den Geist unserer abendländischen christlichen Tradition zu vermitteln. Da ich hier nicht über religiöse oder ethische Erziehung schreibe, sondern diese Dinge nur „am Rande" erwähne, möchte ich es mit dieser Anmerkung genug sein lassen.

Tatsache ist, daß in allem, was wir mit unseren Kindern tun, weit mehr an Bedeutung steckt, als uns auf Anhieb bewußt wird. Deshalb ist es so wichtig, unsere Elternrolle nicht nur ernst zu nehmen, sondern auch über sie und unser Selbstverständnis als Vater oder Mutter nachzudenken.

Vor diesem Hintergrund nimmt selbst etwas so Einfaches wie ein Schlaflied einen beachtlichen Stellenwert ein.

Guten Abend, gut' Nacht

Melodie: Johannes Brahms
Text: 1. Strophe: Volkstümlich
2. Strophe: Georg Scherer

Guten A-bend, gut' Nacht, mit Ro-sen be- dacht, mit Näg-lein be-steckt,

schlupf un-ter die Deck: Mor-gen früh, wenn Gott will, wirst du wie-der ge-

weckt, mor-gen früh, wenn Gott will, wirst du wie-der ge-weckt.

2. Strophe:
Guten Abend, gut' Nacht,
von Englein bewacht,
die zeigen im Traum
dir Christkindleins Baum.
Schlaf nun selig und süß
schau im Traum s'Paradies,
schlaf nun selig und süß,
schau im Traum s'Paradies.

Bei den Claudius-Versen des Liedes „Der Mond ist aufgegangen" waren es nicht nur einige Zeilen, sondern sogar ganze Passagen, die in mir Ergriffenheit auslösten und die mich auch heute noch berühren, so zum Beispiel die zweite Hälfte der ersten Strophe:

„Der Wald steht schwarz und schweiget, und aus den Wiesen steiget der weiße Nebel wunderbar."

Sicher hätte ich als Kind nicht formulieren können, was mich an dem Bild fesselte, das durch diese Worte in meinem Inneren aufstieg. Aus heutiger Sicht würde ich in der Erhabenheit des schwarzen Waldes und der vor ihm aufsteigenden Nebel ebenfalls ein Sinnbild der Transzendenz sehen, so wie für mich in jedem Naturerlebnis, das unsere Seele anrührt, etwas Religiöses enthalten ist.

Als wohltuend und tröstlich kamen mir immer – und auch noch heute – die Verse der dritten Strophe vor:
Seht ihr den Mond dort stehen?
Er ist nur halb zu sehen
und ist doch rund und schön.
So sind wohl manche Sachen,
die wir getrost belachen,
weil unsre Augen sie nicht sehn.

Der Mond ist aufgegangen

Melodie: Joh. A. Schulz
Text: Matthias Claudius

Der Mond ist auf-ge-gan-gen, die gold-nen Stern-lein pran-gen am

Him-mel hell und klar, der Wald steht schwarz und schwei-get, und

aus den Wie-sen stei-get der wei-ße Ne-bel wun-der-bar.

2. Wie ist die Welt so stille
   und in der Dämmrung Hülle
   so traulich und so hold
   als eine stille Kammer,
   wo ihr des Tages Jammer
   verschlafen und vergessen sollt.

3. Seht ihr den Mond dort stehen?
   Er ist nur halb zu sehen
   und ist doch rund und schön.
   So sind wohl manche Sachen,
   die wir getrost belachen,
   weil unsre Augen sie nicht sehn.

4. (7.) So legt euch denn, ihr Brüder,
   in Gottes Namen nieder.
   Kalt ist der Abendhauch.
   Verschon uns Gott mit Strafen
   und laß uns ruhig schlafen
   und unsern kranken Nachbar auch.

Was ich sagen wollte, ist sicher deutlich geworden: Das tägliche Schlaflied ist einerseits als Vorbereitung des aktiven Singens mit Ihrem Kind sehr sinnvoll, somit auch ein Bestandteil der Begabungsförderung, wie sie in diesem Buch vertreten wird.

Darüber hinaus hat es eine eigene Bedeutung, die einerseits mit dem Ritual als solchem und andererseits mit der Besonderheit von Schlafliedern zusammenhängt, die in ihren Texten sehr häufig entweder direkt oder indirekt – über Naturbeschreibungen – ein Moment der Transzendenz vermitteln.

Wenn Sie bisher immer Scheu davor hatten, selbst zu singen, finden Sie die beiden angeführten Lieder vielleicht für den Anfang zu schwierig. Deshalb möchte ich nun noch einige einfachere Beispiele bringen, wobei „einfach" wohlgemerkt nicht „weniger wert" heißt.

Alle hier genannten Lieder finden Sie auch in dem Band: „Das große Liederbuch".[22]

Dieses Buch sollten Sie sich unbedingt anschaffen, falls Sie sich vorgenommen haben, mit Ihrem Kind öfter zu singen. Sie finden darin sämtliche bekannten Kinderlieder und bestimmt auch einiges, was Sie noch nicht kennen. Die poetischen Illustrationen werden Sie begeistern.

Schlaf, Kindchen, schlaf

Volksweise
Text aus: Des Knaben Wunderhorn

Schlaf, Kind-chen, schlaf! Der Va-ter hüt't die Schaf, die Mut-ter schüttelt's

Bäu-me-lein, da fällt her-ab ein Träu-me-lein. Schlaf, Kind-chen, schlaf!

2. Schlaf, Kindchen, schlaf!
Am Himmel ziehn die Schaf,
die Sternlein und die Lämmerlein,
der Mond, der ist das Schäferlein.
Schlaf, Kindchen, schlaf.

Wer hat die schönsten Schäfchen

Melodie: Joh. F. Reichard
Text: Hoffmann von Fallersleben

Wer hat die schön-sten Schäf-chen? Die hat der gold-ne Mond, der

hin-ter un-sern Bäu-men am Him-mel dro-ben wohnt.

2. Dort weidet er die Schäfchen
auf seiner blauen Flur,
denn all die weißen Sterne
sind seine Schäfchen nur.

3. Und soll ich dir eins bringen,
so darfst du niemals schrein
mußt freundlich wie die Schäfchen
und wie die Schäfer sein.

Abgesehen von der besonderen Rolle, die das Schlaflied bereits von klein auf spielen kann, ist jegliches Singen für Ihr Kind und mit ihm eine hervorragende Förderung seines Gehörs und damit seiner Intelligenz.

In dem Abschnitt über das Tanzen finden Sie ebenfalls einige bekannte Kinderlieder. Außerdem gibt es die sehr praktische Möglichkeit, Kinderlieder von Kassetten zu lernen, wobei, ich möchte das unbedingt noch einmal betonen, die Kassette auf keinen Fall Ihre Rolle übernehmen kann, sondern bestenfalls dazu dient, daß Sie selbst Lieder lernen, die Sie dann gemeinsam mit Ihrem Kind singen können.

Keinen der bisher besprochenen Bereiche können Sie nur für sich gesondert betrachten: Eines greift immer ins andere über.

So gehören Singen und Sprache zusammen. Über Liedertexte lernen Kinder Formulierungen kennen und „schön" aussprechen, die im gewöhnlichen Wortschatz nicht vorkommen. Wenn Sie Freude daran haben, sich mit Ihrem Kind zu unterhalten, wird es Sie sicher nach der Bedeutung mancher Zeilen fragen. Gerade altmodische oder auch religiös gefärbte Verse liefern Stoff für interessante Gespräche.

Es macht auch Spaß, selbst Lieder zu erfinden, die für eine bestimmte Situation „maßgeschneidert" sind. So hatten wir zum Beispiel einen Hund, Bodo, der jedes Jahr im Sommer, wenn wir verreisten, bei einem Bauern mit dem Namen Keppel untergebracht war. Auf dem Weg dorthin und auch während des Urlaubs sangen wir immer wieder zum größten Entzücken unserer Tochter das „Bauer-Keppel-Lied" nach der Melodie von „In Mutters Stübele":
Beim Bauer Keppel-kepp,
da ist der Bodo-lo,
beim Bauer Keppel-kepp
ist der Bodo!

Das Lied hatte eine Vielzahl von Strophen, in denen wir uns ausmalten, was unser Hund, der ein rechtes Original von einem Riesenschnauzer war, dort alles anstellte.

Für Ihr Kind ist all das von Bedeutung, was Sie selbst auch wichtig finden. Wenn Sie das Singen oder auch das Erfinden von Liedern nur für Kinderkram halten und selbst nicht das kleinste bißchen Freude daran haben, wird der Funke natürlich nicht überspringen. Dabei ist es für uns Erwachsene mindestens so förderlich wie für ein Kind – wenn auch aus anderen Gründen – uns wieder mit einfachen Dingen zu vergnügen, mit Dingen, die wir nicht im Geschäft kaufen können, sondern die den Mut zur emotionalen Offenheit, menschliche Wärme und Anteilnahme am Gedeihen unserer Kinder voraussetzen.

Zusammenfassung:
Unter den verschiedenen Möglichkeiten der Begabungsförderung nimmt alles, was eine gezielte Stimulierung des Innenohrs bewirkt, einen besonderen Stellenwert ein. Unser Gehirn braucht, um arbeiten zu können, einerseits Nahrung in Form von Glukose und Sauerstoff, andererseits Nahrung in Form von Stimuli, die aus allen Sinnesorganen zu ihm gelangen. Dabei ist das Ohr der wichtigste Lieferant von Energie: 90 Prozent der Anregungen, die das Gehirn bekommt, stammen von ihm! Es lohnt sich also, das Innenohr – Gleichgewichtssinn und Gehör – zu trainieren. Im vorigen Abschnitt wurde einiges aufgeführt, was dazu dient. Die folgende Übersicht zeigt Ihnen alles noch einmal auf einen Blick:

Rhythmus

passive Vorstufe	**aktives Tun**
Wiegen des Säuglings auf dem Arm, dazu rhythmisch sprechen;	*rhythmisches Gestalten von Versen durch Patschen und Klatschen;*
Krabbelverse;	*Klopfen mit dem Kochlöffel; Ringelreihen;*
Knie-Reiterliedchen;	*rhythmisches Gehen; Dirigieren; rhythmisches und betontes Sprechen von Wörtern;*

Begleiten von alltäglichen Tätigkeiten mit betonten Sätzen und Versen, die rhythmisch gestaltet werden.

Tanzen

passive Vorstufe
Tanzen und rhythmisches Gehen mit dem Kind auf dem Arm;

aktives Tun
Tanzen zu den altbekannten Tanzliedern für Kinder;

Erfinden eigener Tänze;

Singen

passive Vorstufe
das tägliche Schlaflied von Anfang an;

dem Kind immer wieder vorsingen.

aktives Tun
mit dem Kind gemeinsam Lieder lernen und singen;

über die Texte von Liedern sprechen, Bilder dazu malen;

eigene Strophen und vielleicht auch eigene Lieder erfinden.

Mutters Sprache – Muttersprache

Die Frage, was den Menschen vom Tier unterscheidet, ist philosophischer Natur. Daß wir sie überhaupt stellen können, hat bereits mit unserer Eigenart zu tun:

Wir können als einziges Lebewesen über uns selbst, unsere Bedeutung, unsere Stellung in der Welt nachdenken.

Die Fähigkeit der Selbstreflexion und jeglichen Denkens ist untrennbar mit Sprache verbunden.

Wir können Dinge benennen, sie uns somit geistig aneignen und in unserem Bewußtsein aufbewahren.

Erwachsene finden meist nichts Besonderes dabei, daß sie in der Lage sind, sich sprachlich auszudrücken und verständlich zu machen. Wie kompliziert das, was wir bereits in den ersten Lebensjahren so ganz nebenbei, ohne Schulbücher, Prüfungen und Zeugnisnoten lernen, eigentlich ist, erleben wir dann, wenn wir uns mit einer Fremdsprache abmühen.

Die Vokabeln, die man sich einprägen muß, nehmen kein Ende! Die Regeln der Grammatik machen uns zu schaffen. Und die korrekte Aussprache bereitet oft unüberwindliche Hindernisse. Das Gefühl, die fremden Laute aus unserer Kehle nicht richtig herausbringen zu können, kann zu handfesten Sprachhemmungen führen.

Wie viele Menschen haben sich zum Beispiel in der Schule jahrelang mit der englischen Sprache beschäftigt und sind bei einem Englandurlaub kaum in der Lage, ein Hotelzimmer zu buchen oder nach dem Weg zu fragen, von einer Unterhaltung mit den Einheimischen ganz zu schweigen!

Kleine Kinder hingegen lernen ihre Muttersprache ganz von selbst, wie es scheint.

Es scheint allerdings nur so. Mütter, die ihren Kindern eine gute Sprachförderung zuteil werden lassen, wissen im Regelfall nicht, **was** sie „richtig" gemacht haben. Sie haben sich einfach von ihrem Gefühl, ihrer Freude am Umgang mit ihrem Kind und ihrer Vernunft leiten lassen.

Gerade im Bereich Sprache „läuft" von selbst gar nichts: Kinder mit einer unzureichenden Förderung weisen sehr deutliche Defizite auf.

In der Schule können wir beobachten, daß immer mehr Erstkläßler nicht über die sprachlichen Fähigkeiten verfügen, die sie für erfolgreiches Lernen bräuchten:

Der Wortschatz ist erschreckend gering.

Es können keine Sätze gebildet werden.

Einfache Arbeitsanweisungen und Erklärungen werden nicht verstanden.

Es ist so leicht, in den ersten Lebensjahren Sprachkompetenz gezielt zu fördern, und es ist sehr mühsam, sprachliche Defizite später auszugleichen.

Dabei ist es auch durch noch soviel Mühe nie mehr möglich, das in vollem Umfang zu ersetzen, was in der Vorschulzeit versäumt wurde.

Nun müssen Sie allerdings keine Angst bekommen, etwas falsch zu machen. Sprachförderung ist nicht „schwer". Sie geschieht wie so vieles Positive im Umgang mit unseren Kindern ganz nebenbei und wie von selbst, wenn wir bereit sind, unsere Elternrolle ernst zu nehmen. Das Entscheidende ist auch hier wieder, daß Sie selbst der beste Lehrer für Ihr Kind sind: Sie können diese Aufgabe nicht an andere delegieren und schon gar nicht dem Fernseher oder Kassettenrecorder überlassen.

Die passive Vorstufe: Der Eindruck kommt vor dem Ausdruck

Alfred Tomatis wurde zu seinen Forschungen über die Klangeindrücke im Mutterleib durch ein Buch angeregt[23], in dem er las, daß Singvögel, die von nicht singenden Müttern ausgebrütet werden, später nicht singen können. Werden sie jedoch von einer anderen Singvogelart ausgebrütet, so entwickeln sie einen Gesang, der weder ihrer eigenen noch der Art ihrer „Stiefmutter" entspricht.

In seiner therapeutischen Arbeit hat Tomatis dann herausgefunden, daß unsere Stimme nur diejenigen Frequenzen wiedergeben kann, die unser Gehör aufnimmt.

Beim Erlernen unserer Muttersprache geht es nicht nur um ein bestimmtes Frequenzspektrum, sondern um Laute, die für diese Sprache charakteristisch sind und eine bestimmte Stellung der Zunge, des Kehlkopfs, der Mundmuskulatur erfordern, um gebildet werden zu können.

Das häufige, immer wiederholte Hören bestimmter Laute oder Lautverbindungen – Phoneme heißen sie wissenschaftlich exakt – ist unerläßlich dafür, daß das Sprechen dieser Laute gelernt werden kann.

Bereits aus dem Beispiel mit den Singvögeln geht hervor, wie wichtig dieses passive Hören ist:

Wenn sie von einer anderen Art ausgebrütet – also quasi „fremdsprachlich" erzogen werden – können sie den für ihre Art typischen Gesang nicht entwickeln. Weil sie allerdings weit weniger lernfähig als wir Menschen und zu einem großen Teil genetisch vorprogrammiert sind, können sie auch die „Sprache" der Zieheltern nicht vollständig erlernen und bleiben auf einer Zwischenstufe stecken, die weder dem Gesang der einen noch dem der anderen Art entspricht.

Ein Kind hingegen erlernt die Sprache der Menschen, die es aufziehen, ob es nun bei Angehörigen seiner eigenen Nation aufwächst oder nicht.

Wichtig ist lediglich:
Das aktive Hervorbringen von Lauten muß durch Sprechen mit dem Kind von Anfang an stimuliert werden.

In den 50er und 60er Jahren wurde eine Reihe von wissenschaftlichen Untersuchungen über die Entwicklung von Sprachfähigkeit und Intelligenz durchgeführt.

Es ging dabei besonders um die sprachlichen Merkmale verschiedener gesellschaftlicher Schichten, die Unterschiede zwischen Heimkindern und solchen, die in Familien aufwachsen und den Zusammenhang der sprachlichen Förderung mit späterem Schulerfolg.[24]

Aus all diesen Untersuchungen ergibt sich eines mit zwingender Deutlichkeit: Sprachförderung ist Intelligenzförderung.

Von Anfang an – und das soll wirklich heißen: vom ersten Lebenstag an – muß mit dem Kind gesprochen werden. Weil sich in jeder Sprache bestimmte Lautkombinationen – eben die erwähnten Phoneme – ständig wiederholen, lernt das Kind durch häufiges Hören von Sprache, diese Laute von anderen, zufälligen Geräuschen zu unterscheiden und als bedeutsam zu empfinden. Die Fähigkeit der „Lautdiskriminierung" – also des Laut-Unterscheidens – bildet sich in den ersten sechs Lebensmonaten so weit heraus, daß der Säugling bereits ab diesem Alter ein Repertoire von Phonemen hat, die er für sich, lallend, dahinplappernd, wiederholt. Dieses Repertoire wird ständig erweitert. Es stellt das „Baumaterial" für die spätere Artikulation von Wörtern dar. Je mehr verschiedene Laute ein sechsmonatiger Säugling bereits hervorbringen kann, desto besser ist auch seine „Ausrüstung" für den Spracherwerb.

Nun geht es bei diesem Bilden von Lauten nicht nur um ein Training der Mundmuskulatur. Es besteht ein hoher statistischer Zusammenhang zwischen der Artikulationsfähigkeit, die ein Kind im Alter von 6 bis 18 Monaten entwickelt und seinem späteren Intelligenzquotienten. Im

Klartext heißt das: Je differenzierter ein Säugling lallen kann, je mehr verschiedene Lautkombinationen er bilden kann, desto intelligenter wird er später der statistischen Wahrscheinlichkeit nach.

Was Sie als Eltern dazu tun können, ist wieder denkbar einfach: Sprechen Sie von Anfang an mit Ihrem Kind, erklären Sie ihm beim Wickeln, was Sie gerade machen, erzählen Sie ihm etwas über Ihre Arbeit, über das Wetter, über all das, was auch sonst der Inhalt von Gesprächen ist. Und – ganz besonders wichtig: Lächeln Sie es an, vor allem dann, wenn es Ihnen durch Mimik, Gestik oder Lallen „antwortet".

Ihr Lächeln heißt für das Kind, daß es mit seiner Kommunikation bei Ihnen Erfolg hat, daß es dafür durch emotionale Zuwendung belohnt wird. Diese Zuwendung bildet die Motivation dafür, daß es sich mit weiteren Lautbildungsversuchen abmüht. Sprechenlernen ist wie jedes andere Lernen auch mit Arbeit verbunden.

Erfolgreiches Lernen setzt Motivation voraus, und diese wiederum wird am zuverlässigsten durch Erfolg gefördert. Belohnen Sie also Ihr Kind für seine ersten „Wörter" und liefern Sie ihm reichlich Lernstoff, indem Sie mit ihm sprechen, ihm etwas erzählen oder auch vorlesen.

Eine wissenschaftliche Untersuchung aus dem Jahr 1960[25] hatte den Nutzen, den bereits kleine Kinder durch regelmäßiges Vorlesen haben können, zum Gegenstand. Mütter, die selber aus einem einfachen sprachlichen Milieu stammten, lasen ihren Kindern ab dem 13. Lebensmonat täglich mindestens zehn Minuten vor. Kinder einer Kontrollgruppe, deren Mütter den gleichen sprachlichen Hintergrund hatten, bekamen diese spezielle Förderung nicht.

Die sprachlichen Fähigkeiten der beiden Gruppen wurden laufend verglichen.

Am Ende der Untersuchung, im Alter von 30 Monaten, zeigten die zusätzlich durch Vorlesen geförderten Kinder in ihrer Sprachentwicklung eine deutliche Überlegenheit gegenüber den Mitgliedern der Kontrollgruppe.

Nun läge vielleicht wieder die Vermutung nahe, dieses Vorlesen könnte doch eigentlich ganz gut der Kassettenrecorder übernehmen. Das Entscheidende bei der Sprachförderung ist jedoch, daß sie in einem sozialen Kontext stattfinden muß, um wirksam zu sein: Sie muß von Menschen und nicht von Maschinen kommen.

Als vor vielen Jahren die Fernsehsendung „Sesamstraße" als Vorschulprogramm ins Leben gerufen wurde, ging man von der Ansicht aus, Begabungsförderung sei auf diesem Weg möglich.

Die Einschulung der ersten „Sesamstraßen-Generation" wurde denn auch mit Spannung erwartet.

Die Sendung erfüllte jedoch bei weitem nicht die in sie gesetzten Hoffnungen, vor allem nicht die auf fortgeschrittene sprachliche Fähigkeiten der Schulanfänger.[26]

Sprache lernen wir von den **Menschen**, die sie sprechen, nicht von Radios, Kassetten oder Fernsehern.

Es ist auch von Bedeutung, daß der Säugling zunächst einmal möglichst viele Sprechanreize von ein und derselben Person erhält. Das wird in den meisten Fällen die Mutter sein oder die Person, die die Mutterrolle übernommen hat. Es heißt ja nicht umsonst „Muttersprache".

Damit Kinder bestimmte Laute aktiv bilden können, müssen sie sie aus der gesprochenen Sprache heraushören, sie müssen sie akustisch isolieren können. Um „Lllll" zu lallen, muß dieser Laut als Bestandteil von Wörtern erst einmal gehört werden, in „Licht" oder „Teller" oder „Windel" zum Beispiel.

Wir können nur das wiedergeben, was wir vorher gehört haben.

Von dieser Fähigkeit, aus Wörtern und Sätzen einzelne Klanggestalten herauszuhören, hängt einiges ab, was für späteren Lernerfolg ausschlaggebend ist:

der Umfang des Wortschatzes;
die Fähigkeit, Sätze richtig aufzubauen;
die Fähigkeit, richtig zu schreiben;
die Leselernfähigkeit.

Letzteres wird Sie vielleicht wundern, denn auf den ersten Blick scheinen die Augen für das Lesen viel wichtiger zu sein als die Ohren. Es ist jedoch so, daß ein enger Zusammenhang besteht zwischen Schwierigkeiten beim Heraushören einzelner Laute und einer Leselernschwäche. Wir lesen viel mehr mit den Ohren als mit den Augen: Ein Wort, das entziffert wurde, muß eine Bedeutung erhalten. Kinder können hundertmal die Buchstabenfolge B l u m e vor sich hinsagen. Wenn über das Ohr nicht das entsprechende Feedback ans Gehirn geht: „natürlich, Blume!", dann werden sie nie dahinterkommen, was das bedeutet.

Wie einfach ist es für Sie, Ihrem Kind diese grundlegende Fähigkeit der Lautdiskriminierung – des Heraushörens einzelner Laute – mitzugeben: Sprechen Sie von seinem ersten Lebenstag an mit ihm, lächeln Sie es an, wenn es Ihnen etwas „erzählt", freuen Sie sich an den verschiedenen Lauten, die es hervorbringt, erzählen Sie ihm bald schon Geschichten und lesen Sie ihm vor. Sagen Sie die Krabbelverse auf, die Sie im vorigen Kapitel kennengelernt haben. Auch das geht alles ganz nebenbei, ohne große Vorbereitungen oder Kosten.

Sie werden belohnt durch ein Kind, das Ihnen bald schon „richtig" etwas erzählt, das wißbegierig und vielseitig interessiert ist und das Freude an sozialen Kontakten hat.

Vom Plappern zur Sprache: Ein richtiger Senkrechtstart

Passive Vorstufe und aktive Phase sind beim Spracherwerb eigentlich nicht zu trennen, denn die kindliche Aktivität setzt über das Nachahmen einzelner Laute sehr früh ein.

Außerdem spielt das Hören von Sprache auch dann noch eine wichtige Rolle für die weitere Förderung, wenn das Kind längst sprechen kann.

Dennoch ist es nützlich, die beiden Aspekte des Hörens und Sprechens zumindest im Ansatz getrennt zu betrachten, weil das Besondere daran auf diese Weise deutlicher wird.

Sprache wird durch Menschen vermittelt, und so ist beim aktiven Sprechen des Kindes der Gesprächspartner von zentraler Bedeutung. Wenn auch für die Lautbildung das häufige Hören die Voraussetzung bildet, so wird doch die Artikulationsfähigkeit durch ständiges aktives Üben erworben. Sprechen lernt man durch Sprechen. **Kinder, mit denen selten jemand spricht, bleiben sprachlich verarmt und benachteiligt.**

Nach der Vorstufe, in der sprachliches Baumaterial in Gestalt verschiedener Laute gesammelt wird, kommt das Anhäufen eines Wortschatzes. Es ist wirklich ein Schatz, der unseren Kindern zuwächst, und er kann gar nicht groß genug sein. Je mehr Wörter wir zur Verfügung haben, desto besser können wir uns artikulieren.

Das Benennen der Dinge hat auf mehreren Ebenen seine Bedeutung:

Zunächst einmal ist etwas Magisches damit verbunden, Dinge durch Benennen in Besitz zu nehmen: Die Existenz all dessen, was ich mit Namen nennen kann, habe ich als Idee in mir, ohne daß ich die jeweiligen Objekte wirklich sehen und anfassen muß.

Bruce Chatwin erzählt in seinem Buch „Traumpfade"[27] von den australischen Aborigines, daß sie Land durch Besingen in Besitz nehmen. Erst wenn sie ein Lied für ein bestimmtes Stück Land haben, wenn sie dieses Land besungen haben, gehört es ihnen.

Dinge benennen zu können, vermittelt unseren Kindern auch Sicherheit: Fremde Objekte werden dadurch zu Bekanntem und Vertrautem, zu etwas, das ich wiedererkennen kann, wenn ich es sehe. Die Welt wird durch das Benennen der Dinge Stück für Stück erobert.

Ich kann über Dinge erst nachdenken, wenn ich sie in meinem Geist aufbewahren kann. Dazu muß ich ihre Namen wissen.

Es war immer schon die Aufgabe der Erwachsenen, ihren Kindern die Welt zu erklären, ihnen Fragen über das Woher und Wohin, die Sinnhaftigkeit des Lebens zu beantworten. Das ist heute schwieriger als früher, weil den meisten Menschen der Zugang zu religiösen Inhalten fehlt, die für unsere Eltern und Großeltern noch selbstverständlich waren.

Es ist jedoch auch das Zeigen und Benennen von Objekten ein wichtiger Bestandteil dieser Aufgabe des „Welt-Erklärens".

Viele Gelegenheiten gibt es hierfür, die Sie sich nicht entgehen lassen sollten.

Krabbelverse bieten sich für das Benennen einzelner Körperteile geradezu an: Nase, Augen, Augenbrauen, Stirn, Ohren, Ohrläppchen, Mund, Kinn, Hals, Nacken, Schultern, Ellbogen, Handgelenke, Daumen, Zeigefinger, Mittelfinger, Ringfinger, kleiner Finger, Knie, Ferse, Fuß, Zehen, große Zehe, kleine Zehe, Bauchnabel, Bauch, Rücken.

All das kann, während Sie sich mit Ihrem Kind beschäftigen, immer wieder und ganz nebenbei gezeigt und benannt werden. Sie wissen bereits: Ein Kind, das sich an seinem eigenen Körper nicht orientieren kann, wird damit auch im Raum Probleme haben. Das wiederum erschwert ihm später das Erfassen mathematischer Zusammenhänge.

Für das Entwickeln eines inneren Körperbildes ist das Benennen der einzelnen Teile nötig. Was wir als Idee in uns tragen, ist vorhanden, auch wenn wir es nicht sehen.

Zwischen zwei und drei Jahren sind Kinder unermüdlich dabei, neue Wörter zu sammeln. Sie fragen den Erwachsenen buchstäblich „ein Loch in den Bauch". Seien sie sich bewußt, wie wichtig gerade diese Phase des Spracherwerbs ist. Der Wortschatz steigt besonders zwischen eineinhalb und drei Jahren mit rasanter Geschwindigkeit.

Eine englische Untersuchung aus dem Jahre 1920 verdeutlicht das. Dabei sind weniger die absoluten Zahlen von Interesse als vielmehr die Zuwachsraten:

Zwischen eineinhalb und zwei Jahren steigt der Wortschatz um mehr als das Zehnfache, von durchschnittlich 22 Wörtern mit eineinhalb Jahren auf 272 Wörter mit zwei Jahren.[28]

Damit ein Kind diese enormen Lernfortschritte machen kann, braucht es jedoch einen Erwachsenen, der mit ihm spricht, von dem es durch direkte Erklärungen und durch sprachliches Vorbild erfährt, wie Dinge heißen.

Besonders in den ersten drei Lebensjahren ist intensive Sprachförderung von einer Wichtigkeit, die gar nicht genug betont werden kann.

Über das Hören der Muttersprache, das Lallen von Lauten, das Plappern von Babywörtern und das Nachsprechen „richtiger" Wörter lernt das Kind die ersten Sätze, die zunächst noch aus zwei Wörtern bestehen: Mama lieb, Hansi brav, da Auto u. ä.

Im dritten Lebensjahr bildet es schon Mehrwortsätze, gebraucht Fürwörter (ich, du), Verben und Präpositionen (mit, zum, beim, auf, aus, durch, hinter, an, neben, in usw.).

Zwischen zwei und drei Jahren wächst dann der Wortschatz auf gut das Dreifache (896 Wörter). Danach verlangsamt sich das Wachstum. Sechsjährige haben einen durchschnittlichen Wortschatz von 2562 Wörtern.

Die Zahlen dieser Untersuchung geben Durchschnittswerte an, die sich auf englische Verhältnisse beziehen.

Grundsätzlich kann heute beobachtet werden, daß viele

Schulanfänger sprachlich sehr verarmt sind, die einfachsten Begriffe nicht kennen und daher ihre Schullaufbahn mit weit „schlechteren Karten" antreten als besser geförderte Altersgenossen.

Es liegt an Ihnen, wie groß der sprachliche „Schatz" ist, den Sie Ihrem Kind ins Leben mitgeben.

Sprechen Sie mit ihm in richtigen Sätzen. Reden Sie nicht nur das Allernötigste, sondern entdecken Sie, wie herzerfrischend, amüsant und unterhaltsam es sein kann, mit Ihrem Kind zu plaudern. Erweitern Sie seinen Wortschatz, wann immer sich eine Gelegenheit bietet.

Besonders ergiebig sind Spaziergänge: Kaufen Sie sich ein Pflanzenbestimmungsbuch und nehmen Sie es mit. So können Sie Fragen an Ort und Stelle beantworten. Das Nachschlagen ist überhaupt nicht kompliziert. Mein Lieblingsbuch für diesen Zweck ist: Pflanzen und Tiere Europas von Harry Garms.[29] Darin finden Sie einfach alles, übersichtlich geordnet und gut beschrieben.

Entdecken Sie gemeinsam mit Ihrem Kind die Vielfalt unserer heimischen Pflanzenwelt. Sie regen dadurch nicht nur seine Wißbegier an. Es wird auf künftigen Spaziergängen alles viel bewußter wahrnehmen und gezielt Ausschau nach bereits Bekanntem halten. Diese Eigenschaften des Wissen-Wollens, Bewußt-Wahrnehmens und Gezielt-Suchens sind später in der Schule von unschätzbarem Vorteil für das Erlernen des Lesens und Schreibens. Sie müssen frühzeitig geweckt und gepflegt werden. Jeder Lehrer kann Ihnen sagen, wie aussichtslos es ist, einem uninteressierten Schüler, der sich für nichts begeistert, etwas beibringen zu wollen.

Gerade das Benennen von Pflanzen wird auch Sie bereichern, und Sie werden viel mehr Spaß am Spazierengehen haben, wenn Sie etwas nicht nur sehen, sondern wenn Sie auch wissen, wie es heißt. Das mutet vielleicht eigenartig an, aber es ist so: Wir sehen und empfinden Objekte anders, wenn wir ihre Namen wissen. Darum geben Sie Ihrem Kind viel mehr als nur vordergründiges Wissen mit, wenn Sie ihm die Welt auf diese Weise erschließen.

Wie sehr das Sammeln von Begriffen Kinder begeistern kann, habe ich auf einem Picknickausflug gesehen, den ich mit Eltern und Schülern meiner damaligen ersten Klasse in einem Sommer machte.

Wir hatten in den vorhergehenden Wochen bereits an mehreren Unterrichtsvormittagen Exkursionen in die Umgebung unternommen und Pflanzen gesammelt, die uns als Vorlage für botanische Zeichnungen dienten. Jedes Kind malte seine Lieblingspflanzen auf je eine weiße Karte, schrieb den entsprechenden Namen darunter und heftete die Karten zu einem „Pflanzenlexikon" zusammen. Auf dem erwähnten Picknickausflug hielten meine Schüler dann begeistert Ausschau nach „ihren" Blumen, freuten sich über alles, was sie kannten und machten ihre Eltern stolz darauf aufmerksam.

Die „Pflanzenwochen" hinterließen bei den Kindern einen dauerhaften Eindruck. Immer, wenn wir später einmal darauf zu sprechen kamen, was denn in der ersten Klasse besonders schön gewesen sei, wurde begeistert von dieser Zeit des Sammelns und Benennens geschwärmt.

Geschichten und Gedichte – mehr als bloßer Zeitvertreib

Sprachförderung geschieht auf mehreren Ebenen: zunächst einmal im direkten Gespräch als Geplauder, Meinungsaustausch, Erklärung. Diese Kommunikation könnte man situationsspezifisch nennen. Sie werden in der Unterhaltung mit Ihrem Kind die Wörter verwenden, die Ihnen selbst geläufig sind, die zu Ihrer individuellen Sprache gehören. Eine besondere Bereicherung bedeutet es, wenn sie sich dazu entschließen, gemeinsam mit ihrem Kind die Welt zu erforschen, indem Sie zum Beispiel mit Hilfe eines Buches Pflanzen bestimmen, deren Namen Ihnen selbst bisher unbekannt waren.

Das Erzählen und Vorlesen von Geschichten ermöglicht eine weitere Ebene der Sprachförderung. Es macht Ihr Kind mit Begriffen bekannt, die in der Alltagssprache nicht verwendet werden, z. B. Hexe, Pfefferkuchenhaus, Zwerg, zaubern, verwünschen usw.

Außerdem wird ein größerer sprachlicher Zusammenhang hergestellt, der eine wesentlich längere Aufmerksamkeitsspanne erfordert als die bloße Konversation. Weil das Kind an der Geschichte interessiert ist, **will** es bei der Sache bleiben. Es gewöhnt sich so von selbst und ganz nebenbei etwas für das spätere Lernen Grundlegendes an: seine Gedanken eine Zeitlang auf ein und dieselbe Sache zu richten. Da erzählte und vorgelesene Geschichten in erster Linie durch das Wort vermittelt werden, muß der Hörer sich die Bilder zur Handlung in seinem Kopf selbst ausmalen.

Auch hier wird wieder Nützliches für das spätere schulische Lernen angebahnt, denn weder Rechnen noch Rechtschreiben sind möglich ohne die Fähigkeit, innere Bilder zu produzieren.

Da sich die Handlung einer Geschichte allmählich entwickelt, muß das Kind, um den Faden nicht zu verlieren, das bisher Gehörte im Bewußtsein behalten. Es wird während des Zuhörens selbst verschiedene Vorstellungen entwickeln, wie es weitergehen könnte. Dieses Zurück- und Vorausdenken – das Bilden von Feedback- und Feedforward-Schleifen – ist beim Lesenlernen entscheidend für das Sinnverständnis. Kinder, die auf der Stufe des bloßen, mühsamen Entzifferns stehenbleiben, erinnern sich nicht mehr an das Gelesene (Feedback) und können Sätze, die sie erst zum Teil gelesen haben, auch nicht sinnvoll ergänzen (Feedforward).

Über all diesen Erwägungen darf nicht vergessen werden, wieviel das Erzählen und Vorlesen von Geschichten für die emotionale Entwicklung Ihres Kindes bedeutet.

Meine Tochter liebte – wie bereits erwähnt – die „Zauberflöte für Kinder" über alles, schaute immer wieder das Bilderbuch dazu an, sang oft das Lied des Papageno: „Ein Mädchen oder Weibchen..." und hing überhaupt an dieser Figur mit besonderer Liebe. Einmal – sie war vielleicht vier Jahre alt – ging mein Mann mit ihr und unserem Riesenschnauzer Bodo spazieren. Mein Mann sagte irgend etwas von einem „Ziel", das sie ansteuern wollten. Da blieb Maxi stehen und rezitierte mit Pathos: „Mein Wunsch ist ein Glas vom besten Wein, mein Ziel, es auszutrinken!"

Es sind dies die Worte, die Papageno in dem Hörspiel „Eine kleine Zauberflöte" gebraucht.

In dieser Begebenheit steckt mehreres: Zunächst einmal sieht man ganz vordergründig, wie der Sprachschatz reicher wird. Wie sehr die Geschichte selbst Maxi beschäftigt haben muß, läßt sich daran erkennen, daß das Wort „Ziel" bereits als Auslöser genügte, um ihr eine entsprechende Situation aus der Zauberflöte ins Gedächtnis zu rufen.

Solche Geschichten, die die Kinder in- und auswendig kennen, über die sie mit den Eltern sprechen, deren Figuren sie ins Herz geschlossen haben, bereichern die kindliche Gefühlswelt entscheidend.

Ich meine ganz ausdrücklich hier nicht das einsame Tagträumen vor dem Kassettenrecorder, sondern das bewußte und aktive Erleben von Geschichten gemeinsam mit einer Bezugsperson, die die Freude daran teilt.

Maxi hatte zwar die Kinderfassung der „Zauberflöte" auf einer Schallplatte, hörte diese jedoch viele Male gemeinsam mit mir. Wir sangen anschließend einige der Lieder, unterhielten uns darüber und schauten auch das Bilderbuch dazu immer wieder an. Das Erzählen wurde nicht auf den Plattenspieler *abgeschoben*, sondern er diente dazu, die Geschichte um das Musikerlebnis zu bereichern.

Wie wichtig Märchen für die seelische Entwicklung sein können, geht aus einer anderen Episode mit meiner Tochter hervor, die ich hier aus meinem Buch „Theaterspaß zum Selbermachen" zitiere:

„Meine Tochter Maxi liebte es von sehr klein auf, vorgelesen zu bekommen. Neben verschiedenen Kinderbüchern gehörten zu ihrem bevorzugten Vorlesestoff die Grimmschen Märchen. Im Alter von etwa drei Jahren war sie besonders begeistert von ‚Hänsel und Gretel'. Diese Geschichte konnte ich ihr gar nicht oft genug erzählen. Eine Szene daraus wollte sie dann immer mit mir spielen, und zwar die Stelle, wo die kleine schlaue Gretel es schafft, die so bedrückend übermächtige Hexe hereinzulegen und in den Backofen zu schieben. Natürlich war ich immer die Hexe.

Der Spielverlauf war genau festgelegt und mußte bei jeder ‚Aufführung' gleichbleiben. Ich saß auf der Couch und sagte zu Gretel: ‚Kriech in den Backofen und schau, ob schon richtig eingeheizt ist!'

Darauf Maxi als Gretel in köstlich naivem Tonfall: ‚Aber wie soll ich das machen? Ich weiß nicht, wie das geht!'

Die Hexe: ‚Dumme Gans, alles muß man dir zeigen!'

Dann mußte ich mich vorbeugen und meinen Kopf unter den Couchtisch stecken, aber noch auf dem Sofa sitzen bleiben. Und jetzt kam der Clou des Ganzen: Maxi gab mir einen Schubs, ich fiel vom Sofa und ‚verbrannte' mit einem gräßlichen Schrei."[30]

Im Alter von zwei bis drei Jahren beginnen Kinder, ihre eigene Persönlichkeit zu entdecken. Sie wollen öfter ihren Willen durchsetzen, das Wort „Nein" wird sehr wichtig. Wir sprechen von der „Trotzphase".

Dazu passen sehr gut die Befreiungsversuche, die Maxi in genau diesem Alter über das beschriebene Rollenspiel unternahm.

Offensichtlich erreichte sie das angestrebte Ziel, denn nach einiger Zeit hatte sie sich sichtlich „satt" gespielt und verlor das Interesse an der „Hexenverbrennung".

Gerade Märchen sprechen seelische Vorgänge auf einer sehr subtilen Ebene an und sollten deshalb Kindern auf keinen Fall vorenthalten werden.

Bruno Bettelheim begründet in seinem Standardwerk „Kinder brauchen Märchen"[31] ausführlich, warum das so ist.

Ganz elementare Lebensthemen und -sehnsüchte werden in den Märchen angesprochen: die Suche nach dem Sinn des Lebens, nach Glück, die Bekämpfung des Bösen, der Sieg des Guten, Hilfe durch übersinnliche Mächte und vieles mehr.

In meinen Augen können Märchen viel zur Entwicklung seelischer Stabilität beitragen: Sie liefern einen Bezugsrahmen für das eigene Leben, nähren den Glauben an ausgleichende Gerechtigkeit und lassen eine tröstliche Ordnung erkennen, weil zum Schluß eben immer alles ins Lot kommt.

Kinder brauchen in ihrem Leben Kontinuität, um sich positiv entwickeln zu können: Zuverlässige Erwachsene, gleichbleibende Abläufe im Alltag, Erziehungsrichtlinien und Regeln, die durchschaubar sind.

Kontinuität ist auch ein bestimmendes Element aller Märchen: Am Ende steht immer Erlösung in irgendeiner Form oder eine „gerechte Strafe". So entspricht ihre Handlung eigentlich genau den kindlichen Bedürfnissen: Alles muß überschaubar sein und seine Ordnung haben.

Sie können schon früh damit beginnen, Ihrem Kind Märchen zu erzählen. Rumpelstilzchen, Rotkäppchen, Dornröschen, Hänsel und Gretel, der Wolf und die sieben Geißlein sind Klassiker, die bereits Dreijährigen gefallen.

Wichtig ist wie bei allem, was Sie mit Ihrem Kind machen, daß Sie selbst Freude daran haben. Fangen Sie deshalb mit der Geschichte an, die Ihnen selbst besonders liegt. Ich erzähle am liebsten das Märchen vom Rumpelstilzchen, weil ich immer dann, wenn das Rumpelstilzchen spricht, so schön krächzen kann.

Mein zweitliebstes Märchen ist das vom Wolf und den sieben Geißlein.

Mein Mann sagte oftmals süffisant, er wisse nicht, ob ich als Mutter Geiß oder als Rumpelstilzchen „besser" sei. Maxi erinnert sich heute noch gern an meine „Auftritte" in diesen beiden Rollen.

Neben den Geschichten, die eigentlich jeder kennt, gibt es noch viele andere, kaum bekannte Märchen, die sehr reizvoll sind.

Wofür auch immer Sie sich entscheiden: Fangen Sie einfach mit dem Erzählen an, leben Sie verborgene schauspielerische Talente aus, freuen Sie sich zusammen mit Ihrem Kind am „Happy-End"! Märchen werden Sie und Ihr Kind bereichern!

Was für Märchen gilt, ist grundsätzlich bei allen Büchern von Bedeutung: Sie müssen Ihnen selbst gefallen.

Von meiner Vorliebe für Astrid Lindgren habe ich bereits berichtet. In meiner Kindheit las ich begeistert die Kasperle-Bücher von Josephine Siebe.[32] Im Mittelpunkt der Handlung steht ein richtiges, echtes, lebendiges Kasperle, das hundert Jahre in einem Schrank verborgen schläft, aus diesem Zauberschlaf wieder aufwacht und dann in allerlei Abenteuer gerät. Ich weiß noch, wie ich mit dem Kasperle bangte und zitterte, wenn es ihm an den Kragen gehen sollte, wie erbost ich über die heimtückische Prinzessin Gundolfine und den dummen und gedankenlosen Herzog August Erasmus war. Gute Kinderliteratur hat etwas, das schwer zu definieren ist, das aber zu wirken scheint.

Ich möchte mir nicht anmaßen, dafür eine vernünftige Erklärung parat zu haben, meine aber, daß diese Wirkung mit der Echtheit und Ehrlichkeit zu tun hat, mit der Autoren ihre Geschichten verfassen. Es gibt ja gerade im Bereich der Kinderbücher Moden und so etwas wie einen „Zeitgeist". Mir wurde von Fachleuten gesagt, es sei absolut unzeitgemäß, einfach nicht mehr „in", Geschichten zu erzählen, die eine „Moral" hätten. Es sei auch nötig, daß man sich mit aktuellen Themen auseinandersetze: Scheidung, Arbeitslosigkeit, Ausländerproblematik.

Wie gut finde ich es, daß Kinder anscheinend keine Ahnung davon haben, was ihnen zu gefallen hat.

Meiner Erfahrung nach lieben sie immer noch und unverbrüchlich „altmodische" Geschichten, die einfach „nur" schön, poetisch, spannend, lustig oder herzerwärmend sind.

Lassen auch Sie sich nicht von Fachleuten beirren: Kleine Kinder brauchen Geschichten, die ihnen Mut machen, die ihren Glauben an das Leben stärken oder die ihre Phantasie beflügeln.

Es ist ein Unterschied, ob Jugendliche Bücher lesen, die ihre speziellen Probleme zum Thema haben oder ob kleine Kinder durch Konfrontationen mit einer beängstigenden Realität irritiert werden.

Man könnte nun natürlich argumentieren, daß es aber doch viele Kinder gibt, die traumatisierende Erfahrungen mit wirtschaftlicher Existenznot, dem Zerfallen ihrer Familie oder ähnlich Bedrückendem machen. Ich meine, daß gerade diese Kinder die tröstliche Welt schöner Geschichten brauchen. In früheren Jahrhunderten haben viele Menschen das Elend ihres Daseins nur deshalb ertragen, weil sie im festen Glauben an ein „besseres" Jenseits lebten. Das kann man nun Realitätsflucht nennen. Doch wer in einem dunklen Tunnel steckt, braucht Licht und nicht die ständige Beteuerung, wie dunkel es doch sei. Und wer im Sonnenlicht steht, wird nur dadurch geängstigt, daß man ihm immer sagt: Es gibt aber auch lange, dunkle, kalte Tunnel!

Das soll nicht heißen, daß ich ernsthaften Gesprächen ausweiche, wenn es einen konkreten Anlaß dazu gibt: Wir Erwachsene dürfen vor der Aufgabe des Welt-Erklärens nicht kneifen!

Neben dem unnötigen Heraufbeschwören kann auch das krampfhafte Verschweigen ernsthafter Probleme Angst machen. Hier geht es mir darum, Ihnen Mut zu machen, Ihrem kleinen Kind „schöne Geschichten" zu erzählen, auch wenn sie „unrealistisch" sind.

Märchen, Mythen, die freundlichen Figuren von Osterhasen, Nikolaus und Christkind sind nach Bruno Bettelheim für Kinder bis zum zehnten Lebensjahr besonders wichtig,

„... weil die Realität, wenn sie nicht durch Phantasievorstellungen – durch besonders befriedigende Ereignisse oder Rituale – etwas gemildert wird, für Kinder und auch für nicht wenige Nicht-mehr-so-Junge unerträglich wird. Das kleine Kind braucht den Glauben an die Magie, und es braucht sein magisches Denken (...), um seine Angst zu binden und seine Hoffnung auf kommende Freuden (wie Santa Claus und den Osterhasen) immer wieder neu zu entfachen und sich zu erhalten. Nur dann kann es mit der Realität fertig werden. Normalerweise ist das Bedürfnis nach magischen Vorstellungen solcher Art etwa sechs Jahre lang (typischerweise zwischen dem 4. und 10. Lebensjahr) am größten, denn dies ist genau die Periode, in der das Kind lernen muß, mit der realen Welt zurechtzukommen."[33]

Es ist also nicht nur „erlaubt", sondern für die seelische Entwicklung von Kindern sogar ausgesprochen notwendig, ihnen den Glauben an Phantastisches, Märchenhaftes und Wunderbares zu lassen und ihn nicht durch unsensible und verfrühte „Aufklärung" zu zerstören.

Bücher, die diese Elemente enthalten, sind deshalb nicht nur unter dem Aspekt des Zeitvertreibs zu betrachten.

Seit fast hundert Jahren lieben Kinder die Kasperlebücher von Josephine Siebe.

Meine Tochter bekam sie mehrere Male vorgelesen, las sie später selbst immer wieder und blättert sogar heute noch gelegentlich in ihnen. Intensiv beschäftigte sie sich mit Kasperle und seinen Abenteuern. Wie sehr, geht aus der folgenden kleinen Begebenheit hervor, die wieder auf einem Spaziergang spielte, den sie mit meinem Mann und unserem Hund Bodo unternahm. Unvermittelt blieb sie stehen, nachdem sie vorher eine Zeitlang in Gedanken gewesen war und sagte ganz versonnen und innig: „Ach, Papi, Kasperle auf Reisen ist sooo schön!"

Gestalten aus Kinderbüchern sind wie gute Freunde, die Ihr Kind jahrelang begleiten und selbst später ihre emotionale Bedeutung nicht verlieren.

Einige Bücher, deren geradezu „magische" Wirkung auf Kinder ich immer wieder feststelle und die auch zu meinen eigenen Lieblingsbüchern gehören, möchte ich Ihnen nennen. Da es sich bei meinen Favoriten fast durchwegs um Klassiker handelt, hat jede gut sortierte Buchhandlung oder Bibliothek die meisten davon auf Lager, so daß Sie sich selbst ein Urteil bilden können.

Schon für sehr kleine Kinder geeignet sind – neben den Märchen, die ich weiter oben genannt habe:

Beatrix Potter:
Die Geschichte von Peter Hase
Die Geschichte von den zwei schlimmen Mäusen
Emma Ententropf
und noch viele andere Geschichten.[34]

Es gibt verschiedene Ausgaben von Beatrix-Potter-Büchern. Die kleinen Bändchen haben den Vorteil, daß auch Ihr Kind mühelos mit ihnen hantieren kann. Die Autorin hat die Geschichten wunderschön und poetisch illustriert.

Für später – oder auch für Sie selbst – empfiehlt sich die

Anschaffung des großen Beatrix-Potter-Buches[35], das alle Geschichten enthält. Nachdem meine Tochter mit Peter Hase, Emma Ententropf und den vielen anderen Potter-Figuren aufgewachsen ist, wünschte sie sich später den Sammelband, der jetzt in ihrer Bibliothek steht und immer wieder zur Hand genommen wird.

Gerade Beatrix Potter ist geeignet für das Alter von 2 bis 99. Jeder, der sich noch einen Funken Kindlichkeit bewahrt hat, wird die Lektüre als wohltuend und entspannend empfinden.

Ähnlich ist es mit dem – ebenfalls englischen – Kinderbuchklassiker: „Wind in den Weiden" von Kenneth Grahame[36]. Am schönsten ist die Ausgabe mit den alten Illustrationen von Eric Kincaid.

Erzählt wird die Geschichte „einer unverbrüchlichen Freundschaft, die allen Stürmen trotzt" – so der Klappentext. Ratte und Maulwurf, sie nennen einander liebevoll „Ratzelchen" und „Maulchen", erleben miteinander und mit Dachs und Kröterich Lustiges und Abenteuerliches.

Ich lernte dieses Buch erst als Erwachsene kennen und verschlang es mit Begeisterung. Mir ging es genauso, wie es in der Buchbesprechung heißt: „Vier liebenswürdige vierfüßige Gentlemen haben schon Generationen von Lesern zum Schmunzeln gebracht, aber auch nachdenklich gemacht."

Von Josephine Siebe ist außer ihren Kasperlebüchern eine Osterhasengeschichte zu empfehlen: „Im Hasenwunderland"[37]. Neben der Handlung, die Kinder sehr anspricht, ist an ihren Büchern die etwas altmodische Sprache das Besondere. Das Vorlesen bereichert nicht nur den Wortschatz Ihres Kindes, sondern es lernt auch Sprachmuster kennen, die nicht alltäglich sind.

Die Bücher von Otfried Preußler sind so bekannt, daß ich nicht viel über sie sagen muß: der Räuber Hotzenplotz, der kleine Wassermann, das kleine Gespenst und die kleine Hexe sind bereits Klassiker[38], mit denen Sie immer richtig liegen.

Meine Tochter liebte diese Bücher so sehr, daß es zu regelrechten Vorlesemarathons kam, bei denen ich ihr ein ganzes Buch an einem Stück vorlas. Es machte uns beiden eben Spaß. Besonders die Geschichte vom kleinen Wassermann ist so poetisch und gefühlvoll, daß sie mich auch heute immer wieder rührt, wenn ich sie meinen Schulkindern vorlese.

Etwas später, etwa im Alter von vier Jahren, habe ich bei meiner Tochte mit dem Vorlesen der Lindgren-Bücher[39] begonnen.

Besonders passend finde ich für den Anfang „Die Kinder aus der Krachmacherstraße". Bei uns ging es mit „Michel aus Lönneberga" weiter. Danach kamen die Pippi-Langstrumpf-Geschichten und „Die Kinder aus Bullerbü".

Madita, Karlsson vom Dach, Kalle Blomquist und Mio, mein Mio sowie „Die Brüder Löwenherz" las Maxi bereits selbst.

Den Zauber eines guten Kinderbuches habe ich an den Brüdern Löwenherz sehr unmittelbar erlebt. Maxi bekam dieses Buch, als sie in die 2. Klasse ging, zu Ostern. Weil ich es noch nicht kannte – es ist ja ein sehr spätes Werk von Astrid Lindgren –, wollte ich es zuerst selber lesen. Ich setzte mich am Abend hin, fing an und konnte nicht mehr aufhören, bis ich alles gelesen hatte. Die märchenhafte Handlung, der Kampf zwischen Gut und Böse, der Heldenmut des Jonathan Löwenherz, all das fesselte mich so sehr, daß ich wie gebannt war.

Kinderliteratur, die diese Bezeichnung verdient, ist eben nicht „Kinderkram", sondern spricht Themen an, die auch Erwachsene, die jeden Menschen ergreifen können. Wichtig ist, daß wir uns die nötige Sensibilität bewahrt haben, um uns dieses „Angerührtsein" selbst zu erlauben.

Wenn Sie beim Vorlesen mit Ihrem Kind zusammen

Freud und Leid der verschiedenen Helden erleben, wenn Sie sich öffnen für den Zauber guter Kinderliteratur, werden Sie beide auf verschiedenen Ebenen davon profitieren:

Ihr Kind wird sprachlich sehr wirksam gefördert, lernt spielerisch und nebenbei einiges, was ihm später in der Schule von großem Nutzen sein wird, erhält „Nahrung für seine Seele" und Anregung für seine Phantasie.

Gemeinsames Erleben verbessert die emotionalen Beziehungen zwischen Eltern und Kind. Erwachsene können über die Beschäftigung mit ihrem Kind und die Freude an ihm eine persönliche Bereicherung auf direkte Weise erfahren, aber auch indirekt, indem sie Aspekte ihrer Persönlichkeit wieder entdecken und zulassen, die jahrelang, vielleicht seit der eigenen Kindheit, verschüttet waren.

Eine letzte Buchempfehlung möchte ich Ihnen noch geben: In der Adventszeit sollten Sie sich zwei Bücher nicht entgehen lassen:

1. Die 24 Schnüpperle-Geschichten von Barbara Bartos-Höppner[40]. Sie erzählt sehr einfühlsam und echt, was den vierjährigen Schnüpperle in der Zeit vor Weihnachten bewegt, was er erlebt und empfindet.

2. Die Geschichte vom alten Pettersen und seinem Kater Findus:[41] „Morgen, Findus, wird's was geben", verfaßt und illustriert von Sven Nordqvist.

Findus wünscht sich nichts sehnlicher, als daß der Weihnachtsmann zu ihm kommen möge, und so baut der alte Pettersen eine „Weihnachtsmannmaschine", die dann ihre eigenen Tücken hat.

Auch das ist wieder eine Geschichte, die ich für mich selbst, zu meinem eigenen Vergnügen, mindestens so gerne lese, wie Kinder sie hören.

Mit Büchern ist es wie mit Bildern oder mit dem Weintrinken: Der Umgang mit guter Qualität „verdirbt" den Geschmack für Minderwertiges. Deshalb ist es so wichtig, daß Ihr Kind von Anfang an „gute" Bücher kennenlernt. Auch für Sie als Eltern ist es entscheidend, mit welchen Büchern Sie Ihre Vorlesekarriere starten. Geraten Sie an Lesestoff, der Sie langweilt, dann wird das Vorlesen für Sie zu einer lästigen Pflichtübung – und dabei kann unmöglich etwas Sinnvolles herauskommen. Vielleicht gelangen Sie in so einem Fall zu der Auffassung: Kinderbücher sind eben „nichts" für Erwachsene.

Aus all den guten Gründen, die für den gemeinsamen Spaß an schönen Geschichten aufgezählt wurden, wäre das sehr schade.

Verschiedene Aspekte der Sprache

Sprache ist etwas sehr **Nützliches**:

Wir können unsere Meinungen und Bedürfnisse artikulieren.

Alle Eltern wissen, welch große Erleichterung es darstellt, wenn Kinder erst einmal sagen können, was ihnen fehlt oder was sie wollen. Wie ratlos steht man oft dem Unbehagen eines Säuglings gegenüber, der sich nur durch Schreien ausdrücken kann.

In einem Geschäft können wir genau die Ware verlangen, die wir wollen, können ausdrücken, was uns an einem bestimmten Stück nicht gefällt, wie wir es gern hätten: Die Farbe des Pullovers wäre ideal, aber er sollte länger, kürzer, enger, weiter sein.

Dieser Aspekt der Sprache ist für uns selbstverständlich. Wir denken gar nicht darüber nach, was er für uns bedeutet. Bestenfalls wird uns das bewußt, wenn wir uns einmal in einer fremden Sprache verständlich machen sollen.

Während nun eigentlich alle Menschen Erfahrungen mit Sprachaktivitäten der Kategorie „Nützliches" machen, ist es schon längst nicht mehr so selbstverständlich, daß auch in anderen Bereichen das Medium „Sprache" unersetzlich ist.

So gibt es für mich noch eine ganze Reihe weiterer Sprechanlässe und -gelegenheiten, die ich aus meinem Leben nicht wegdenken könnte, zum Beispiel die Kategorie **„Angenehmes"**.

In diese „Schublade" gehört natürlich auch das Vorlesen schöner Geschichten, aber nicht nur dieses.

Ich erinnere mich besonders gern an die Sonntagsmahlzeiten in meiner Kindheit. Da war es bei uns Sitte, daß wir nach dem Essen beisammen saßen und miteinander sprachen. Meine Mutter hatte ein schier unerschöpfliches Repertoire von Geschichten über dörfliche Originale, Begebenheiten von früher, Anekdoten und Schnurren aller Art. Wir wünschten uns dann immer unsere Lieblingsgeschichten, an denen wir uns gar nicht satt hören konnten.

Diesen Brauch der ausgedehnten Konversation bei oder besser: nach Tisch pflegen wir auch in unserer Familie.

So lernte meine Tochter schon von klein auf, sich ungezwungen an einem Gespräch zu beteiligen und eigene Meinungen zu formulieren. Neben der Intelligenzförderung, die mit jeder Sprachförderung einhergeht, ist auch die persönliche Bereicherung erstrebenswert, die es bedeutet, wenn Ihr Kind sich in Gesellschaft gewandt unterhalten kann. Diese Fähigkeit braucht es in Schule und Beruf, und sie kann nie mehr auf so einfache Weise erworben werden wie in den ersten Lebensjahren.

Die täglichen Mahlzeiten bilden eine ideale Gelegenheit, die „Kunst der Unterhaltung" ohne großen Aufwand, wieder so „ganz nebenbei", auszuüben und somit Ihrem Kind zu vermitteln.

Eine weitere Sparte auf meiner sprachlichen Prioritätenliste heißt **„Emotionales"**.

Aus vielen Gründen ist es für eine gedeihliche seelische und geistige Entwicklung Ihres Kindes notwendig, daß es lernt, seine eigenen Gefühle zur Kenntnis zu nehmen und auch auf die Gefühle anderer zu achten.

Sehr viele Menschen können das heute nicht mehr. Ein beredtes Zeugnis dafür liefert die ständig steigende Zahl psychisch gestörter Menschen. Wie viele Kinder nehmen bereits Psychopharmaka, um Schul- und Leistungsstreß besser zu verkraften!

Negative Emotionen, die wir nicht zur Kenntnis nehmen, werden sich irgendwann einmal gewaltsam in Form von Depressionen, Ängsten, Zwangshandlungen und ähnlichem bemerkbar machen.

Genauso, wie ich beim Spazierengehen die Pflanzen, die ich benennen kann, eher bemerke als andere, ist es auch für das Zur-Kenntnis-Nehmen der eigenen Emotionen wichtig, daß ich sie in Worte fasse. Für das kleine Kind ist dazu das unmittelbare Gespräch nötig. Es sollte Ihnen als Eltern wichtig sein, seine Gefühle ernst zu nehmen, mit ihm darüber zu reden. Artikulieren Sie auch, was Sie empfinden! Äußern Sie zum Beispiel Ihre Freude über gemeinsame Aktivitäten, über Lernfortschritte. Sagen Sie ihm, wie lieb Sie es haben!

Emotionale Ausgeglichenheit wird Ihrem Kind später vieles erleichtern, und es wird mit so manchen Anforderungen besser fertig, wenn seine seelische Basis stabil ist.

Eine weitere sprachliche Kategorie darf in dieser Aufzählung nicht vergessen werden, die Kategorie „**Geistiges**".

Zu ihr zähle ich einerseits alles, was Sie Ihrem Kind an Wissen vermitteln: seien es nun die Namen verschiedener Dinge, Erklärungen „der Welt" – warum Wasser kocht, wo Blumen und Tiere überwintern, warum Zähneputzen wichtig ist usw. – oder die Erläuterung bestimmter Tätigkeiten, die Sie ihm beibringen.

Andererseits aber – und diesen Aspekt finde ich besonders wichtig – rechne ich zu „Geistigem" den Meinungsaustausch, jeglichen Disput, das Vertreten eigener Interessen und Standpunkte. Logisches Denken entsteht nicht als gestaltloser Brei in unserem Gehirn, sondern als Struktur. Damit sich solches Denken bilden kann, muß es in irgendeiner Form artikuliert werden können: Die einfachste Stufe, gedankliche Zusammenhänge zu äußern, ist unsere „gewöhnliche" Sprache. Später lernt Ihr Kind die Symbolsprache der Mathematik kennen, vielleicht auch einmal diejenige anderer Wissenschaften.

Wie auch immer: wenn es logische Zusammenhänge sprachlich ausdrücken kann, besitzt es einen soliden Grundstock für „Denken" schlechthin. Nehmen Sie sich deshalb die Zeit, Ihrem Kind logische Zusammenhänge zu erklären und sich auch seine eigenen Vorstellungen und Gedanken geduldig anzuhören.

Auch das wird sich lohnen.

Zum Abschluß des Themas „Welt-Erklären" und „Wissen-Vermitteln" bringe ich ein Gedicht von Josef Guggenmos[42], das mit wenigen Worten und doch sehr eindringlich alles Wichtige zusammenfaßt. Es leitet zugleich über zum letzten Aspekt von Sprache, den ich erläutern möchte, zu „Sprache als Kunst":

Wenn mein Vater mit mir geht,
dann hat alles einen Namen,
Vogel, Falter, Baum und Blume.
Wenn mein Vater mit mir geht,
ist die Erde nicht mehr stumm.

Kommt die Nacht und kommt das Dunkel,
zeigt mein Vater mir die Sterne.
Er weiß, wie die Menschen leben,
weiß, was recht und unrecht ist,
sagt mir, wie ich werden soll.

Sprache als Kunst begegnet uns immer dann, wenn Sprache mehr ist als nur Mittel zum Zweck, wenn verschiedene Gestaltungsmöglichkeiten, poetische Ausdrücke, Spiele mit Worten, Botschaften „zwischen den Zeilen" und Ähnliches zur Anwendung kommen.

In diesem Sinne ist Sprachkunst bereits in den einfachsten Versen zu finden, auch in guter Kinderliteratur, in Sprachspielen, die wir uns selbst ausdenken.

Einiges davon haben Sie bereits kennengelernt. Auf eine Variante der „Sprachkunst" möchte ich jedoch noch näher eingehen, weil sie – wie ich meine zu Unrecht – fast immer zu kurz kommt.

Gedichte – die Edelsteine der Sprache

In meinen Augen stellt Lyrik die Höchstform von „Sprachkunst" dar.

Neben der emotionalen Bedeutung, die Gedichte haben können, sind sie auch unter dem Gesichtspunkt der Sprachförderung von besonderem Wert.

Wie beim Singen glauben jedoch leider viele Menschen auch bei Lyrik: „Das ist nichts für mich!" und winken innerlich ab.

Sollten Sie in diesem Zusammenhang an die Gedichtstunden Ihrer Schulzeit denken und sollten diese Ähnlichkeit mit jenen gehabt haben, die ich erlebte, dann stimme ich Ihnen vorbehaltlos zu: „So etwas" ist auch für mich nichts.

Das bezieht sich jedoch weniger auf die Gedichte selbst als auf die Art und Weise des Umgangs mit ihnen.

Zu-Tode-Reden und endloses Interpretieren können einem selbstverständlich den Spaß daran verderben.

Wenn Sie sich allerdings einmal die Muße gönnen, in einem Gedichtband zu blättern, werden Sie bestimmt manches finden, an dem Sie sich „festlesen", sei es, daß Sie sich amüsieren, Freude an gelungenen Formulierungen haben, zum Nachdenken angeregt oder auch schlicht und einfach gerührt werden.

Meine Tochter ist mit Gedichten aufgewachsen: zuerst mit Versen und Liedern, wie Sie sie bereits weiter vorne kennengelernt haben, später dann mit „anspruchsvolleren" Exemplaren der Gattung.

In der Schule hat sie ihre Deutschlehrer oft erstaunt durch ihre Fähigkeit, spontan über Gedichte etwas zu sagen, eine persönliche Bedeutung in ihnen zu finden.

Bei meinen Schülern mache ich die Erfahrung, daß sie mit Lyrik durchaus etwas anfangen können.

Ich wähle allerdings das, was wir lesen, sehr sorgfältig aus:

Es muß zum einen mir selbst gefallen, zum anderen auch etwas enthalten, das in meinen Augen für Kinder attraktiv ist, das Bedeutung für sie besitzt.

In Gedichten kommen viele Vorteile verschiedener Fördermöglichkeiten zusammen:

Sie schulen das Gefühl für Rhythmus, erweitern den Wortschatz beträchtlich, geben Anregungen für kreativen Umgang mit Sprache, verbessern das Sprachgefühl, regen zum Nachdenken an, liefern Sprachmuster.

Es gibt ein breites Spektrum von Gedichten. Einige Beispiele möchte ich bringen, um Ihnen die Gelegenheit zu geben, sich selbst ein Urteil zu bilden. Vielleicht lassen Sie sich zu einer näheren Beschäftigung mit der Materie verlocken. Sie würden es bestimmt nicht bereuen!

In meiner eigenen Grundschulzeit lernte ich einige Gedichte kennen, die ich heute noch gerne mag, zum Beispiel das

„Kletterbüblein" von Friedrich Güll:[43]

Steigt das Büblein auf den Baum,
ei, so hoch, man sieht es kaum!
Schlüpft von Ast zu Ästchen,
hüpft zum Vogelnestchen.
Ui, da lacht es –
hui, da kracht es!
Plumps!
Da liegt es drunten!

Gerade dieses „Kletterbüblein" kommt auch bei „modernen" Kindern an.
    Besonders gefallen mir Gedichte von Josef Guggenmos. Sie mögen für Kinder geschrieben sein, sind aber – wie gute Kinderbücher auch – für jedes Alter passend.

Der große Mann[44]

Es war einmal ein großer Mann,
der fing wie wir am Boden an,
doch ging zu Ende dieser Mann
erst ganz hoch oben irgendwann.

Sein Kopf war voller Beulen.
Er sprach: „Es ist zum Heulen,
andauernd stoß ich armer Mann
an Sonne, Mond und Sternen an!"

Doch sonst war nichts Besondres dran
an diesem Herrn,
dem großen Mann.

Wenn Sie Ihrem Kind oft vorlesen, dann wird es irgendwann einmal – wahrscheinlich mit ungefähr fünf Jahren –

zu fragen beginnen: „Wo steht ‚König'?" und später auch: „Welcher heißt ‚k'?"

Das bedeutet, daß es versteht, was es mit dem Symbolcharakter der Schrift auf sich hat: Eine Kombination von Zeichen gehört zu einem bestimmten Wort. Diese Erkenntnis ist eine grundlegende Voraussetzung für das Lesenlernen.

Es bedeutet auch, daß Ihr Kind Interesse daran zeigt, diese Symbole zu enträtseln.

Eltern haben oft Angst, etwas „falsch" zu machen, wenn sie auf solche Fragen antworten. Falsch wäre nur ehrgeiziger Lesedrill. Aber das Eingehen auf kindliche Fragen kann Kinder schon deshalb nicht überfordern, weil sie einfach zu fragen aufhören, wenn ihnen das, was sie erfahren haben, reicht.

Wichtig ist, daß Sie daran denken, ein „k" wirklich als den Laut „k" auszusprechen und nicht wie „ka". Das würde zu großer Verwirrung führen.

Also: „g" statt ge,
„m" statt em,
„b" statt be,
„h" statt ha usw.

Zu dieser Phase des beginnenden Interesses für einzelne Buchstaben paßt wunderbar das folgende Gedicht von James Krüss über die Wichtigkeit des „M" – wohlgemerkt „m" statt „em"![46]

Wenn das M nicht wär' erfunden,
Wäre manches schief und krumm.
Denn dann hießen Max und Moritz
Ax und Oritz. Das wär' dumm.

Wenn das M nicht wär' erfunden,
Wäre mancher übel dran.
Maximilian, der hieße
Plötzlich Axi ilian.

131

Wenn das M nicht wär' erfunden,
Wär' das Abc nicht voll.
Jede Mama hieße a-a.
Und das wäre gar zu toll.

Doch zum Glück ist es erfunden.
Das ist nützlich! Das ist fein!
Denn nun können kleine Kinder
Mutti oder Mami schrein.

Spiele mit Sprache sind für Kinder und Erwachsene, die dafür sensibel sind, eine stete Quelle des Vergnügens.
   Das beginnt bei den Schüttelreimen, über die man sich von 5 bis 99 amüsieren kann:

Will keinen Wein, will schwarzen Wein,
schrie das kleine Warzenschwein![46]

Es graust vor nichts dem Bademeister:
In die dickste Made beißt er.[47]

Die alte Sau im Koben grunzt,
gibt Proben einer groben Kunst.
(Herkunft unbekannt)

Viele moderne Gedichte sind entstanden aus dieser Lust am Spiel mit Sprache, so zum Beispiel:

„Malheur" von Hilde Leiter[48]

Ein sehr vergeßliches Geschirr
verlor sein Gesch
und wurde irr.
Irr war es nun –
und voller Tücke:
Es schlug sich selbst
in tausend Stücke ...

Eine regelrechte Fundgrube für Sprachspiele aller Art ist das „Sprachbastelbuch"[49], von dem ich finde, daß es in jede Familie gehört.

Ist die Empfindsamkeit Ihres Kindes für „Sprache als Kunst" erst einmal geweckt, wird es auch Freude an Gedichten haben, die nicht nur heiter, spielerisch und schön gereimt sind.

Der Band „Und oben schwimmt die Sonne davon" enthält 12 Gedichte von Elisabeth Borchers[50], zu jedem Monat eines, die sehr poetisch illustriert sind. Schon fünfjährige Kinder sind empfänglich für die Kraft der Worte, mit denen die Dichterin die einzelnen Monate in uns lebendig werden läßt. Vielleicht können Sie mit dieser Art von Dichtung etwas anfangen. Dann wird sie so gut wie sicher auch bei Ihrem Kind „ankommen".

Hier eine kleine Kostprobe eines Gedichtes von Elisabeth Borchers

März

Es kommt eine Zeit
da nimmts ein böses Ende
mit dem Schneemann

Er verliert seinen schwarzen Hut
er verliert seine rote Nase
und der Besen fällt ihm
aus der Hand
Kleiner wird er von Tag zu Tag

Neben ihm wächst ein Grün
und noch ein Grün
und noch ein Grün

Die Sonne treibt
Vögel vor sich her
Die wünschen dem Schneemann
eine gute Reise

Auch diese Gedichte scheinen das „gewisse Etwas" zu haben, das gute Kinderliteratur auszeichnet: Finden sie doch bei so gut wie allen meinen Schülern Anklang, auch bei den sprachlich schwächeren.

In meinen Augen liegt das daran, daß sie eben „echt" sind, einfach, ungekünstelt und dabei doch kunstvoll.

Glauben Sie nun nicht, ein Vorschulkind sei für solche Verse zu klein! Wenn ich daran denke, über welch umfangreichen Wortschatz meine Tochter Maxi bereits mit vier Jahren verfügte und wie „schöne" Sätze sie bereits konstruierte, dann macht es mich richtiggehend traurig zu sehen, wie niedrig das durchschnittliche Sprachniveau meiner Schulanfänger ist. Es ist den Eltern eben nicht bewußt, welche Chancen sie ungenutzt verstreichen lassen, wenn sie in den ersten Lebensjahren mit ihren Kindern nur das Nötigste und auch das nur in Satzbruchstücken – Komm! Iß auf! Laß das! Sei brav! – reden.

Ich habe vorher davon gesprochen, daß bereits Fünfjährige an Gedichten wie „März" Freude haben können. Das soll aber nicht im Sinn einer „Altersgrenze" verstanden werden.

Eher habe ich dabei an das bewußte Umgehen mit der sprachlichen Form gedacht. Grundsätzlich gibt es da keine Grenze. Sprachförderung geschieht ja immer durch das Anbieten von Sprache – ob nun im Dialog, als Geschichte, Gedicht oder Sprachspiel – und durch die daraus sich ergebenden Sprechanlässe. Sehen Sie zum Beispiel beim Spazierengehen mit Ihrem Kind einen langsam vor sich hin schmelzenden Schneemann und haben Sie Teile des Gedichtes „März" – oder vielleicht sogar das ganze! – im Kopf, dann ist das doch eine hervorragende Gelegenheit, das, was Sie wissen, aufzusagen. Sie können da gar nichts falsch machen! Ihr Kind wird – je nach Alter – Wörter oder Ausdrücke nachsprechen oder auch das ganze Gedicht noch einmal hören wollen.

Meine Tochter hat bei allem, was ihr gefiel, zahlreiche Wiederholungen verlangt.

Bevor Sie allerdings Gedichte aufsagen können, müssen Sie erst selbst welche kennen- und vor allem lieben lernen!

Auch hier kommt der Lernprozeß der Eltern vor demjenigen der Kinder. Schauen Sie sich einige der aufgeführten Bücher an. Noch besser: Kaufen Sie sie und blättern Sie immer wieder in ihnen! Irgend etwas werden Sie sicher finden, das Ihnen selbst Spaß macht, und damit fangen Sie dann an!

Sehr zu empfehlen ist überhaupt die Anschaffung einer richtigen Gedichtsammlung. So etwas gehört „eigentlich" in jedes Haus.

Mir persönlich ist am liebsten die Anthologie: „Der ewige Brunnen" von Ludwig Reiners.[51]

Darin sind die Gedichte nach Themenbereichen geordnet – Natur – Liebe und Freundschaft – aus der Geschichte usw.

Da sie alle nicht nur mit dem Titel, sondern auch mit der Anfangszeile im alphabetischen Verzeichnis erfaßt sind, kommt man mit dem Nachschlagen gut zurecht.

Noch umfangreicher ist von Conrady „Das große deutsche Gedichtbuch".[52]

Alles, was Sie jemals irgendwo gehört oder gelesen haben, werden Sie mit größter Wahrscheinlichkeit darin finden.

Vielleicht werden Sie auf dem Umweg über Ihr Kind lernen, an Gedichten Freude zu finden oder sich von ihnen zum Nachdenken anregen zu lassen.

Ich finde es wunderbar, daß für jede Stimmung, für jede

Lebenslage, für jede Freude, aber auch für jeden Kummer oder Ärger, irgendein Dichter bestimmt bereits Worte gefunden hat, die das Wesentliche ausdrücken.

So möchte ich diesen Abschnitt denn auch mit einem kurzen Gedicht von J. W. von Goethe beschließen:[53]
Eines schickt sich nicht für alle!
Sehe jeder, wie er's treibe!
Sehe jeder, wo er bleibe,
und wer steht,
daß er nicht falle!

Zusammenfassung

Sprachförderung ist Intelligenzförderung.

Die besten Fachleute hierfür sind die Eltern. Am erfolgreichsten werden Kinder im alltäglichen liebevollen Miteinander gefördert, ohne zusätzliche „Trainingszeit", nur dadurch, daß Eltern sich gerne und aufmerksam mit ihnen beschäftigen.

Der „fördernde Alltag" ist auch hier das Beste, was Sie Ihrem Kind geben können.

Damit Sie auf einen Blick sehen, worauf es besonders ankommt, hier noch einmal das Wichtigste im Überblick:

Die ersten sprachlichen Eindrücke für Ihr Kind

Was Sie tun	Wofür es gut ist
Sie reden vom ersten Lebenstag an mit Ihrem Kind.	*Ihr Kind lernt die Laute seiner Muttersprache kennen und unterscheiden: eine wichtige Voraussetzung für das spätere Bilden von Sätzen, den Erwerb eines umfangreichen Wortschatzes und die Fähigkeit, lesen zu lernen.*

Sie lächeln Ihr Baby an, wenn es mit Ihnen „spricht".

So wird es zum Bilden von Lauten motiviert. Je mehr verschiedene Laute es als Baby lallen kann, desto besser ist seine Ausrüstung für den Spracherwerb, desto intelligenter wird es der statistischen Wahrscheinlichkeit nach.

Der Aufbau des Wortschatzes

Was Sie tun
Sie sprechen von Anfang an in richtigen Sätzen mit Ihrem Kind.

Wofür es gut ist
Es lernt, daß Wörter in Zusammenhänge eingebettet sind.

Sie lehren es beim Wickeln, im Spiel und immer, wenn sich Gelegenheit ergibt, die Namen einzelner Körperteile.

Orientierung am eigenen Körper als Vorstufe der Orientierung im Raum, die für das Verständnis mathematischer Zusammenhänge nötig ist.

Sie nennen ihm die Namen von Gegenständen, Pflanzen, Tieren: wenn es Sie danach fragt und immer, wenn sich Gelegenheiten ergeben, z. B. beim Spazierengehen, beim Anschauen von Büchern, bei der Hausarbeit, im Gespräch.

Ein umfangreicher Wortschatz erleichtert das Konstruieren richtiger Sätze.
Die Namen von Dingen zu kennen, fördert die bewußte Wahrnehmung, das gezielte Ausschau-Halten nach ihnen: wichtige Voraussetzungen für erfolgreiches Lernen.

Die Fähigkeit, sich sprachlich auszudrücken

Was Sie tun
Sie sprechen von Anfang an „richtig" mit Ihrem Kind.

Wofür es gut ist
So wird es zum Selber-Sprechen motiviert.

Sie unterhalten sich oft mit ihm, antworten auf seine Fragen, erklären ihm Zusammenhänge.

Die eigene Aktivität des Kindes ist für den Spracherwerb entscheidend: Sprechen lernt man nur durch Sprechen.

Sie nutzen Alltagssituationen für Gespräche: bei der Hausarbeit, in der Küche, beim Spazierengehen, bei der Körperpflege usw.	
Sie lesen Ihrem Kind bald Geschichten und Märchen vor: eine Vorleseviertelstunde ist schon für Einjährige richtig.	*Es lernt Sprachmuster kennen. Märchen sind gut für seine seelische Entwicklung.*
Sie lesen gute Kinderbücher vor.	*Um einen größeren Sinnzusammenhang zu verstehen, muß sich Ihr Kind längere Zeit auf eine Sache konzentrieren können. Es entwickelt die Fähigkeiten des Feedback und Feedforward. All das ist wieder für das schulische Lernen von Bedeutung.*
Sie lesen Ihrem Kind Gedichte vor oder sagen Sie ihm auf.	*Es bekommt über Gedichte ein Einfühlungsvermögen in und ein Verständnis für Sprache, die seine Sprachkompetenz außerordentlich steigern.* *Außerdem ist die Freude an Gedichten etwas für die Seele Wohltuendes.*
Sie reden mit Ihrem Kind auch über Gefühle. *Sie hören ihm zu, wenn es seine Handlungen und Wünsche begründet.*	*Es lernt, seine Bedürfnisse zu artikulieren und seine Interessen zu verteidigen.* *Es macht die Erfahrung, daß es sich durch Worte, ohne Aggressionen oder Ungezogenheiten, verständlich machen kann.*
Sie „diskutieren" mit Ihrem Kind, nehmen seine Meinung ernst.	*Es lernt, seine Gedanken zu formulieren. Das ist eine Schulung des abstrakten Denkens.*

Bewegung macht klug

Wir können uns nicht deshalb bewegen, weil unser Gehirn entsprechend entwickelt ist, sondern unser Gehirn ist deshalb so gut entwickelt, weil wir uns bewegen.

Sie wissen bereits: Neben Nahrung braucht das Gehirn Anregungen, um funktionieren zu können.

Jede unserer Aktivitäten stimuliert es, trainiert Nervenbahnen und führt dazu, daß eben diese Aktivität schon beim nächsten Mal ein wenig geschickter und ökonomischer ausgeführt wird und so weiter.

Vom ersten Lebenstag an will unser Gehirn angeregt, mit Eindrücken versorgt werden, aber – wohlgemerkt! – mit Eindrücken, die es verarbeiten kann, und in einer bekömmlichen Dosis.

Den Fernseher anzuschalten oder das Radio pausenlos laufen zu lassen, das wäre nicht nur falsch, sondern geradezu verhängnisvoll.

Anregungen von außen *und* eigene Aktivitäten sind nötig, um die Regelkreise aufzubauen, die die Gehirnentwicklung steuern.

Die Funktion derartiger Regelkreise läßt sich am leichtesten am Beispiel einer Heizanlage verdeutlichen, die durch einen Temperaturregler gesteuert wird:

Steigt die Temperatur über den eingestellten Wert, wird die Wärmeproduktion reduziert; sinkt sie darunter, wird die Heizung wieder höher geschaltet.

Ähnlich – natürlich ist das sehr vereinfacht – können wir uns neurologische Schaltkreise vorstellen:

Wir führen eine Handlung aus.

Wir registrieren das Ergebnis dieser Handlung und vergleichen es mit dem von uns gewünschten.

Entspricht das Ergebnis nicht unseren Vorstellungen, müssen wir die Handlung entsprechend abändern und alles noch einmal versuchen, bis wir zufrieden sind.

Viele Tätigkeiten, die uns leicht fallen und uns selbstverständlich vorkommen, haben wir auf diese Weise erlernt:

das Ergreifen von Gegenständen, das Aufstehen, Gehen, Laufen, das Ausweichen vor Hindernissen, das Schneiden, Zuknöpfen von Kleidungsstücken und vieles andere mehr.

Daß die eigene Aktivität, das immerwährende Üben, für dieses Lernen entscheidend war, versteht sich von selbst.

Das erste, was der Säugling alleine kann, ist sich bewegen. Auf diese Weise erhält sein Gehirn die ersten notwendigen Stimulierungen, also Entwicklungsanregungen.

Natürlich sind die Bewegungen des Neugeborenen noch nicht zielgerichtet und mit einer bestimmten Absicht verbunden.

Sie verfolgen aber einen sehr wichtigen Zweck: Sie fördern den zerebralen Reifungsvorgang. Mit jeder Wiederholung einer Bewegung verbessert sich die Leitfähigkeit der sensorischen und motorischen Nervenbahnen: Die sensorischen Bahnen „melden" im Gehirn, was gemacht wird, die motorischen Bahnen „befehlen" den Muskeln, was sie tun sollen. Bevor nun das Kind gezielte Bewegungen ausführen kann, müssen seine Nervenbahnen ein bestimmtes Entwicklungsstadium erreichen. Dazu sind die allerersten, noch völlig unkoordinierten Bewegungen da. Man könnte sagen: Sie nehmen das Nervensystem erst einmal „in Betrieb".

Nach dieser „Inbetriebnahme" können einfache Regelkreise aufgebaut werden, die das Lernen gezielter Bewegungen steuern.

Vom Strampeln bis zum freien Gehen

Bewegungsfreiheit für den Säugling

Je mehr Ihr Kind lernt, desto funktionsfähiger wird sein Gehirn. Dieses „Mehr" kann jedoch nicht durch anstrengendes Training oder durch ein Überangebot an Reizen erfolgen. Es hat seine eigenen Gesetzmäßigkeiten.

Für den Säugling heißt das: Er braucht möglichst viel Freiheit, sich zu bewegen. Da er den Kopf noch nicht heben kann, beschränken sich diese Bewegungen zunächst auf Arme und Beine. Wenn er auf dem Bauch liegt, hat er keine Möglichkeit zu strampeln. Er sollte deshalb auf dem Rücken in einem Bettchen liegen, das groß genug ist. Die Decke sollte locker aufliegen, nicht festgebunden sein, damit sie ihn nicht behindert.

Genauso eingeengt wie in der Bauchlage ist die Bewegungsfähigkeit Ihres Säuglings auch in einer Wippe, die noch dazu den Rücken auf höchst ungünstige Weise rund zusammensinken läßt.

Die ungarische Kinderärztin Emmi Pikler, die von 1946 bis 1979 ein Waisenhaus leitete und die Bewegungsentwicklung vieler Kinder beobachten und studieren konnte, spricht sich deutlich gegen jede Reduzierung der Bewegungsmöglichkeiten und auch gegen das Eingreifen der Erwachsenen in den natürlichen Ablauf aus.[54]

Sie plädiert auch für die Rückenlage von Anfang an:

Diese ermöglicht es dem Säugling, Gegenstände, die ihn interessieren, wahrzunehmen, ihnen mit den Augen zu folgen, wenn sie sich bewegen.

In der Rückenlage sind Arme und Beine frei beweglich.

In Rückenlage kann der Säugling nach einigen Wochen seine Hände „entdecken": Er wird sie vor dem Gesicht hin und her drehen, wird sie suchen, wenn sie aus seinem Blickfeld geraten. So übt er früh schon die Koordination von Auge und Hand. Augen-Hand-Koordination ist wieder eine der Basisfunktionen für das schulische Lernen, vor allem für das Lesen und Schreiben.

Das Bewegen und Anschauen der Hände vor dem Gesicht ist zugleich ein erstes Orientieren im Raum. Raumorientierung und mathematisches Verständnis stehen zueinander in Beziehung.

Das freie Strampeln mit den Beinen – aus Lust oder auch, wenn er sich ärgert – trainiert die Bauchmuskulatur des Säuglings.

Eine gut trainierte Bauchmuskulatur stellt den „neurologischen Unterbau" für ein koordiniertes Zusammenwirken von Armen und Beinen dar, das wiederum mit der koordinierten Zusammenarbeit von rechter und linker Gehirnhemisphäre beim Lernen zusammenhängt.

So braucht der Säugling in den ersten sechs Lebensmonaten in erster Linie eine ausreichend große Fläche zum Auf-dem-Rücken-Liegen. Das kann sehr bald schon eine Decke auf dem Fußboden sein.

Auf eine Wippe sollten Sie vollständig verzichten. Nehmen Sie zum Füttern den Säugling in die Arme. Benutzen Sie ein Tragetuch nur in Ausnahmefällen, auch wenn es für Sie noch so bequem sein mag.

Je öfter Ihr Kind sich frei bewegen kann, desto besser ist es für seine neurologische Entwicklung.

Mama, laß mich selbst mal machen!

„Übung macht den Meister!" sagt das Sprichwort.

Ihr Kind wird unermüdlich immer wieder Bewegungsabläufe üben, wenn es Gelegenheit dazu hat, das heißt, wenn es
1. sich frei bewegen kann und
2. in Ruhe auf einem bestimmten Niveau üben kann, bis es bereit ist für das nächsthöhere.

Um ein bestimmtes Niveau zerebraler Reifung zu erlangen, müssen die damit zusammenhängenden Aktivitäten sehr häufig wiederholt werden.

Jede Wiederholung führt zu einer Verbesserung der Nervenleitfähigkeit. Ausgereifte Bewegungsmuster einer neurologisch „niedrigeren" Stufe sind die beste Voraussetzung für eine optimale Weiterentwicklung Ihres Kindes.

Das heißt:

Legen Sie Ihr Kind erst dann zum Spielen auf den Bauch, wenn es sich ohnehin von selbst auf den Bauch und – noch wichtiger: auch wieder zurück auf den Rücken – drehen kann!

Setzen Sie es erst dann aufrecht hin – ob auf Ihren Schoß oder auf einen Stuhl –, wenn es sich auch schon selbst, ohne Ihre Hilfe, aufsetzen kann!

Führen Sie es nicht an der Hand, damit es früher gehen lernt, sondern lassen Sie es alleine den „Kampf mit der Schwerkraft" bestehen! Das soll natürlich nicht heißen, daß Sie ihm beim Spazierengehen ihre Hand verweigern sollen! Aber es soll erst einmal alleine gehen können und Ihre Hand nicht als Stütze brauchen, ohne die es das Gleichgewicht nicht halten könnte.

Warum ist das so wichtig?

Ich beziehe mich im folgenden auf die Forschungen Emmi Piklers, die sehr überzeugende Gründe für die von ihr geforderte elterliche Zurückhaltung anführt.[55]

1. Eine Entwicklungsstufe muß ausreichend geübt und ausgereift sein, bevor zur nächsten übergegangen wird. Eltern neigen oft dazu, Bewegungsmuster zu forcieren, für die noch nicht die entsprechenden neurologischen Grundlagen vorhanden sind. Werden Kindern zu früh, bevor sie dafür reif sind, Körperhaltungen und Bewegungen abgefordert, führt das dazu, daß „höhere" Bewe-

gungsmuster zwar gelernt werden, aber auf Kosten der Koordination: Die neurologische Steuerung im Gehirn und damit auch das Zusammenspiel der Muskeln ist nicht optimal.

Das kann heute an vielen Kindern beobachtet werden, die verfrüht in irgendein Sporttraining geschickt werden: Ihre Bewegungen sind eckig, fahrig, unschön. Es fehlt die neurologische Basis.

So kann es sein, daß ein Kind Medaillen beim Skirennen gewinnt und nicht in der Lage ist, koordiniert zu gehen, zu laufen, zu springen oder einfache Rhythmen mit dem Körper wiederzugeben.

Erstrebenswert ist nicht, daß ein Kind so früh wie möglich sitzt oder läuft, sondern daß es sich auf der Ebene, auf der es sich gerade befindet, geschickt bewegt, daß es ein Niveau wirklich „beherrscht", bevor es zum nächsten übergeht. Da es dem gesunden Kind Freude macht, seine Bewegungskompetenz zu erweitern, wird es von selbst, wenn es so weit ist, den nächsten Schwierigkeitsgrad ansteuern.

Sie brauchen auch keine Angst zu haben, Sie würden eine Fehlentwicklung oder ein Bewegungsdefizit übersehen: Eltern, die ihr Kind aufmerksam beobachten, merken sehr wohl, wenn etwas „nicht stimmt". Es ist ja nicht so, daß eine Entwicklungsstufe wochenlang auf gleichem Niveau gehalten wird und dann plötzlich, wie auf Knopfdruck, in die nächsthöhere wechselt. Vielmehr ist die zunehmende Perfektionierung bestimmter Bewegungsmuster deutlich zu beobachten. Das wird im nächsten Abschnitt detailliert beschrieben.

2. Wenn Sie Ihrem Kind durch Ihre Hilfe eine Körperhaltung oder Bewegungen ermöglichen, zu denen es aus eigener Kraft noch nicht fähig wäre, nehmen Sie ihm Arbeit und Anstrengung ab. Für jeden Lernfortschritt ist

aber die Aktivität Ihres Kindes, der Wille, sich auch einmal anzustrengen, eine unabdingbare Voraussetzung.
Hierzu Emmi Pikler:[56]

„Ich helfe nur ein ganz klein wenig nach", mit dieser Einstellung kommt man dem um das Aufstehen bemühten Kind zur Hilfe und reicht ihm die Hand, damit das Aufstehen leichter gelingt. Diese Hilfe aber raubt dem Kind die Freude am selbständigen Gelingen, raubt ihm das Gefühl seiner Wirksamkeit... Lehrer und besonders Wissenschaftler sind ernstlich besorgt über die mangelnde Eigeninitiative der Kinder. Die Kinder ziehen es vor, nachzumachen statt selbst zu erfinden und eigene Ideen zu verwirklichen. Kein Wunder, denn seit ihrer frühesten Kindheit wird ihre Initiative systematisch unterdrückt und ihnen die Lust zum Ausprobieren eigener Aktivitäten genommen."

„Wo bleibt denn dann die Förderung?" werden Sie sich jetzt vielleicht fragen.

Das Gewährenlassen, das Abwarten, die Freude an den Fortschritten Ihres Kindes ohne unpassenden Ehrgeiz, daß es etwas früher als andere können müsse, das alles *ist* Förderung.

Selbstverständlich sollen Sie sich mit ihm beschäftigen und mit ihm spielen. Sie sollen ihm auch helfen, wenn es Ihre Hilfe wirklich braucht, zum Beispiel, wenn es sich mit seiner Kleidung irgendwo verfangen hat oder sich in eine Lage gebracht hat, aus der es sich selbst nicht mehr befreien kann.

Unpassende Hilfe, die dem Kind eine Chance wegnimmt, ist etwas anderes. Sie läßt sich mit der schulischen Situation vergleichen, in der ein Schüler das Ergebnis schon herausruft, während sein Kamerad noch am Nachdenken ist. Kinder brauchen Zeit, jedes sein eigenes individuelles Quantum. Ich erlebe es an meinen Schülern immer wieder: Gerade diejenigen, die zunächst ein wenig länger brauchen, sind in ihren Leistungen oft viel sicherer als ihre schnelleren, aber auch flüchtigeren Mitschüler und überholen diese dann später.

Immer eins nach dem anderen

Der Aufbau der Bewegungen vom unkoordinierten Strampeln bis zum sicheren, freihändigen Gehen folgt bestimmten Gesetzmäßigkeiten, die Sie kennen sollten.

Die Zeitangaben[57] im folgenden Entwicklungsabriß sollen lediglich einen Anhaltspunkt liefern, wann im Durchschnitt eine bestimmte Stufe bei selbständigem Bemühen, ohne Forcieren durch Erwachsene, erreicht ist. Abweichungen nach beiden Seiten sind selbstverständlich möglich.

1. Von der Rückenlage auf die Seite, auf den Bauch und wieder zurück auf den Rücken
Zunächst liegt der Säugling auf dem Rücken, strampelt mit den Beinen und bewegt die Arme. Diese Bewegungen werden immer heftiger. Die Schultern heben sich von der Unterlage, das Becken dreht sich.

Mit ca. 18 Wochen kann er sich auf die Seite drehen.

Schwungvoll dreht er sich immer weiter, bis er mit ca. 25 Wochen in der Lage ist, sich auf den Bauch zu drehen.

In der Bauchlage hebt er seinen Kopf zum ersten Mal für längere Zeit hoch. Er stützt sich auf die Arme, verkleinert so die Auflagefläche seines Körpers auf dem Boden und trainiert auf diese Weise sein Gleichgewicht.

Das Zurückdrehen aus der Bauch- in die Rückenlage gelingt noch nicht gleich. Es bedarf wieder der Übung. Mit ca. 30 Wochen ist der Säugling dann so weit, daß er das schafft.

Nun kann er sich bald im Zimmer umherrollen und ist zum ersten Mal in seinem Leben in der Lage, aus eigener

Kraft seinen Platz zu wechseln und eine gewisse Strecke zurückzulegen.

In diesem Stadium ist es wichtig, aus seinem Umfeld alles zu entfernen, was ihn durch Umwerfen oder Herabfallen verletzen könnte.

2. Vom Kriechen zum Krabbeln

Ist das Kind in der Lage, sich selbständig auf den Bauch und wieder zurück auf den Rücken zu drehen, können Sie es zum Spielen in Bauchlage hinlegen.

Es wird nun überhaupt zunehmend mehr Zeit in dieser Lage verbringen wollen. Während es auf dem Rücken lag, hat es die Bauchmuskulatur, die seitlichen Rumpfmuskeln und die Halsmuskeln gut trainiert, alles wichtige Voraussetzungen für spätere „höhere" Funktionen.

Beim Spiel in der Bauchlage werden nun auch die Rücken- und die Nackenmuskeln trainiert, beim Herumrollen auf dem Boden wird die gesamte Rumpfmuskulatur weiter gekräftigt.

Bei ausreichender Bewegungsmöglichkeit wird der Säugling nach einiger Zeit – ca. mit 40 Wochen – beginnen, auf dem Bauch zu kriechen und wieder einige Zeit später – mit ca. 46 Wochen – auf Händen und Knien zu krabbeln.

Wird er verfrüht zum Spielen aufgesetzt, dann fehlt ihm das so wichtige Training der Rumpfmuskulatur. Es kann auch sein, daß er dann gar keine Lust zum Krabbeln zeigt, sondern gleich laufen möchte.

Es hat aber negative Folgen für die spätere schulische Lernfähigkeit, wenn wichtige neurologische Entwicklungsphasen abgekürzt oder sogar übersprungen werden.

Säuglinge, die mit fremder Hilfe aufgesetzt werden, verlangen wahrscheinlich immer wieder danach, denn es ist für sie bequemer, als sich selbst jede neue Haltung zu erarbeiten. Kennen Sie aber eine derartige Hilfe nicht, dann werden sie auch nicht danach verlangen.

Deshalb sollten Sie Ihr Kind selbst zum Füttern nicht aufsetzen, solange es nicht aus eigener Kraft dazu in der Lage ist. Nehmen Sie es einfach in den Arm.

Das Aufsetzen wird es von selbst zwar relativ spät lernen, ungefähr gleichzeitig mit dem Krabbeln. Dann hat es aber gegenüber gleichaltrigen Kindern, deren Bewegungen forciert und von den Eltern unterstützt wurden, den entschiedenen Vorteil, daß es das, was es macht, wirklich beherrscht. Es leuchtet ein, daß dies für die neurologische Weiterentwicklung einfach die bessere Grundlage bildet.

3. Das freie Gehen

Immer wieder hört man stolze Eltern sagen, ihr Kind sei schon mit zehn oder elf Monaten gelaufen. Verfrühtes Laufen geschieht auf Kosten anderer Entwicklungsstufen und kürzt im Regelfall die Krabbelphase ab oder überspringt sie sogar. Es ist auch hier wieder nicht anzustreben, daß ein Kind so früh wie möglich läuft, sondern daß es das zum neurologisch richtigen Zeitpunkt tut, wenn es „reif" dafür ist.

Kann es sich frei und in Ruhe entwickeln, dann wird es wahrscheinlich nach einigen Wochen „Krabbelpraxis" – etwa mit einem Jahr – beginnen, sich hinzuknien und kurz darauf auch aufzustehen.

Die ersten freien Schritte **aus eigener Kraft** wird es mit ca. 16 Monaten unternehmen und bald darauf, im 18. Lebensmonat, sicher gehen.

Ist es so weit gekommen und hat es wirklich jede Phase auf dem Weg zum freien Gehen gründlich geübt, dann ist ein wichtiges neurologisches Kapitel erfolgreich abgeschlossen, und Ihr Kind besitzt eine solide Basis für weiteres Lernen.

Ohne Krabbeln läuft nichts

Da die Krabbelphase eine Schlüsselrolle für die neurologische Entwicklung innehat, möchte ich über sie noch einiges anmerken.

„Koordination" heißt ein wichtiges Zauberwort für jegliche erfolgreiche und gekonnte Tätigkeit, ob es sich nun um Bewegungen, Singen, Sprechen oder Denken handelt.

Damit ist ein ökonomisches Funktionieren gemeint, bei dem alle an einer Handlung oder einem Gedanken beteiligten Gehirnbereiche optimal zusammenarbeiten und die kürzesten Nervenverbindungen benutzt werden.

Eine entsprechende „Infrastruktur" unseres Gehirns ist dafür die Voraussetzung: Alle nötigen „Verkehrsverbindungen" zwischen einzelnen Gehirnbereichen und zwischen Gehirn, Rückenmark, Sinnesorganen und Muskulatur müssen vorhanden sein.

Der Aufbau dieser „Verkehrsverbindungen" erfolgt hauptsächlich in den ersten Lebensjahren. Er wird entscheidend gefördert durch die verschiedenen, immer komplizierteren Bewegungen, die der Säugling im Laufe der Entwicklung vom Liegen bis zum freien Gehen auszuführen lernt. Deshalb ist es so wichtig, daß jede Stufe „ausgereift" ist, wenn zur nächsten übergegangen wird.

Mit dem Krabbeln erreicht der Säugling eine Bewegungsform, die ein hohes Maß an Koordination erfordert: rechte und linke Körperseite, Arme und Beine müssen gezielt zusammenarbeiten, sonst ist diese Art von Fortbewegung nicht möglich. Die körperlichen Bewegungen haben eine neurologische Entsprechung.

Die Großhirnrinde, die aus der rechten und der linken Hemisphäre besteht, steuert die Motorik:

Die rechte Gehirnhälfte alles, was auf der linken Körperseite geschieht und

die linke Hälfte alles auf der rechten Seite.

Die neurologische Steuerung der Bewegungen erfolgt also über Kreuz.

Damit die rechte Gehirnhälfte weiß, was die linke tut und umgekehrt, gibt es eine Verbindung zwischen ihnen. Das ist ein Querbalken – corpus callosum –, der aus dreihundert Millionen Nervenfasern besteht und über den ständig Informationen ausgetauscht werden, wenn unser Gehirn gut funktioniert.

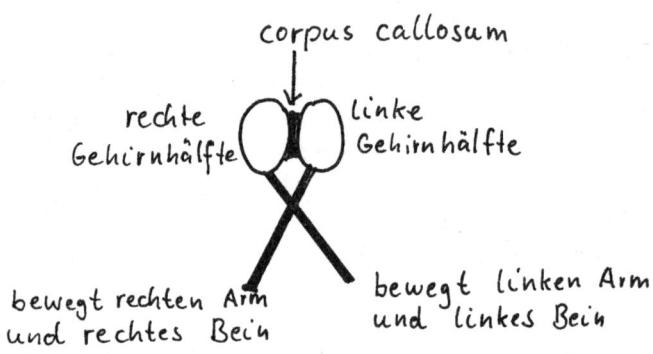

Dieser Balken wird zum ersten Mal beim Krabbeln „im großen Stil" gebraucht, weil da eine ständige Abstimmung zwischen Aktivitäten auf der rechten und solchen auf der linken Körperseite stattfinden muß.

„Rechter Arm nach vorne" – ein Kommando, das von der linken Hemisphäre ausgeht, erfordert zugleich von der rechten Hemisphäre den Befehl „linkes Knie nach vorne" usw.

Alle Bewegungen müssen in rascher Folge aufeinander abgestimmt werden. Das geschieht durch pausenlose „Telefonate" über den Verbindungsbalken zwischen rechts und links, das corpus callosum.

So wird dieser sehr wichtige Teil unseres Gehirns in der Krabbelphase grundlegend aktiviert und „in Betrieb genommen". Wir wissen ja schon, daß sich die Nervenleitfähigkeit jedes Mal, wenn ein Impuls weitergegeben wird, eben durch diese Aktivität verbessert, daß sie beim nächsten Mal schon mehr leisten kann und immer so weiter.

Die Zusammenarbeit beider Gehirnhemisphären ist für das spätere schulische Lernen unendlich wichtig. Da jede Hälfte bestimmte Aufgaben hat, brauchen wir für erfolgreiches Lernen beide.

In der Krabbelphase wird der Grund für diese Zusammenarbeit gelegt. Viel wichtiger als frühes Gehen ist deshalb ausgiebiges Krabbeln.

Ihr Kind wird zu dieser Anstrengung jedoch nur dann Lust haben, wenn Sie es nicht dadurch verwöhnen, daß Sie ihm die Arbeit abnehmen, indem Sie es dauernd aufstellen, führen, in ein Geh-frei-Gestell stecken usw.

Aufbau eines differenzierten Bewegungsvokabulars

Das Wort „Bewegungsvokabular" stammt von Ernst Kiphard[58], dem Begründer der Psychomotorik. Das ist eine Therapierichtung, die darauf abzielt, durch Verbesserung motorischer Fähigkeiten fördernd auf Lernfähigkeit und Verhalten einzuwirken.

Genauso, wie ein umfangreicher Wortschatz die Voraussetzung dafür ist, sich flüssig und gewandt auszudrücken, ist ein möglichst großes Repertoire an Bewegungsmustern nötig für Körperbeherrschung und motorische Geschicklichkeit. Dieses Repertoire an Bewegungsmustern nennt Kiphard „Bewegungsvokabular".

Dazu gehören unter anderem:

Gehen, Laufen, Hüpfen auf einem Bein, Hopserlauf, Galoppsprünge, Zickzacksprünge, Seitengalopp, Balancieren.

Eine zweite Richtung, die ebenfalls davon ausgeht, daß Bewegungs- und Haltungsübungen Lernen erleichtern und Verhalten verbessern können, ist die Kinesiologie. Besonders Paul Dennison[59] hat mit seiner Arbeit dazu beigetragen, daß der Wert der Bewegung für die kindliche Entwicklung inzwischen von vielen Eltern und Lehrern anerkannt ist.[60]

Das lustvolle, spielerische Üben verschiedener Grundformen von Bewegung ist sinnvoll, wenn Ihr Kind frei, ohne Ihre Hilfe, sicher laufen kann, also etwa ab zwei Jahren.

Wichtig ist auch hier wieder, daß nicht „trainiert" wird, sondern daß Sie gemeinsam mit Ihrem Kind zwischendurch, „immer mal wieder", bestimmte Bewegungen ausführen.

Gesamtkörperkoordination

Vom Leichten zum Schweren: Erst wird mit dem ganzen Körper geübt

Gesamtkörperbeherrschung ist der Baustein, der die Basis für differenziertere Bewegungen bildet.

Bevor Fertigkeiten wie Ballspielen, Werfen, Reifentreiben usw. gelernt werden, sollen Kinder erst einmal laufen, springen, hopsen und balancieren können. Diese Tätigkeiten trainieren die Koordination des gesamten Körpers.

Sie werden Ihrem Kind leichter fallen, wenn bereits durch verschiedene rhythmische Spiele sein Gleichgewichtssinn aktiviert wurde und es durch Krabbelverse Bekanntschaft mit verschiedenen Körperteilen gemacht hat.

Es ist zum Üben nichts weiter nötig als Freude an der Beschäftigung mit Ihrem Kind und eine Tesa-Krepp-Rolle.

Kleben Sie an eine Stelle Ihrer Wohnung, die Sie häufig passieren, ein Stück Tesa-Krepp, 2–3 cm breit und ca. 2 Meter lang.

So haben Sie eine vielseitig verwendbare Übungsstation geschaffen.

Immer, wenn Sie an diesem Streifen vorbeikommen,

können Sie sich auf andere Art der Länge nach über ihn bewegen:
krabbeln,
gehen,
auf ihm balancieren: Ferse vor Zehenspitze usw.
rückwärts gehen,
rückwärts balancieren.
im Seitengalopp hüpfen,
Galoppsprünge machen,
auf einem Bein hüpfen,
im Zickzacksprung hüpfen, auf einem oder zwei Beinen.

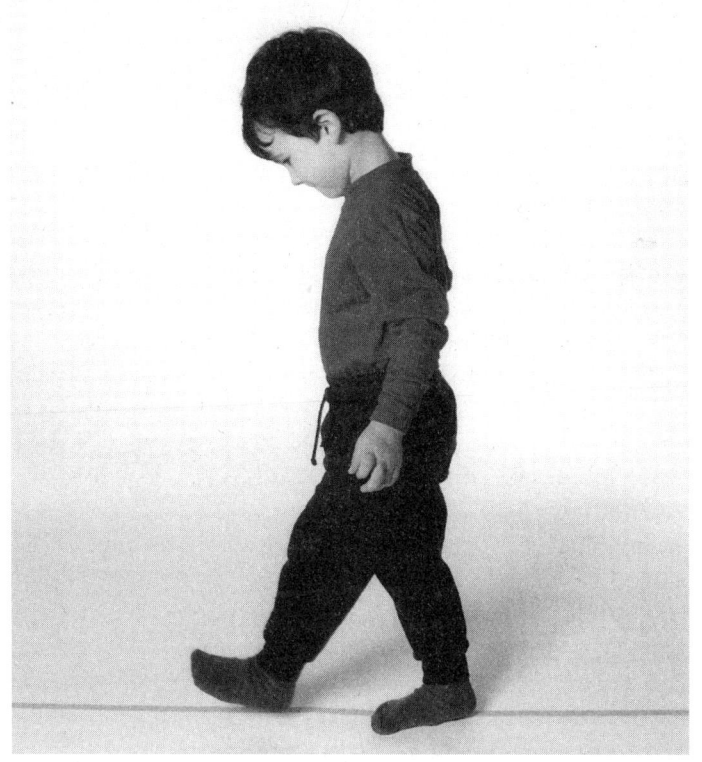

Mit diesen Übungen ist Ihr Kind jahrelang beschäftigt. Die Bewegungen werden ja immer komplizierter und können noch nicht alle von Anfang an ausgeführt werden.

So ist das gleichzeitige Hochspringen mit zwei Beinen mit ungefähr vier Jahren möglich, das Hüpfen auf einem Bein mit ungefähr sechs Jahren.

Ihnen wird sicher selbst noch einiges einfallen, wie Sie den Tesastreifen kreativ nutzen können.

Später – wenn Ihr Kind etwa vier Jahre alt ist –, können Sie an einer anderen Stelle Ihrer Wohnung noch zwei kürzere Streifen parallel zueinander im Abstand von zunächst einmal 20 cm aufkleben. Das soll ein Bach sein, über den man springen muß, um nicht naß zu werden.

Der Abstand der beiden Streifen kann je nach Bedarf vergrößert werden.

Wenn Ihr Kind sieht, wie Sie den Klebestreifen nutzen, wird es das nachahmen und auf diese Weise grundlegende Bewegungsmuster „ganz nebenbei" üben, ohne großartigen Zeitaufwand.

Es macht auch Spaß, den Klebestreifen wandern zu lassen und nacheinander verschiedene Stellen Ihrer Wohnung zum „Trainingsparcours" zu erklären.

Sie können ebenfalls ganz leicht Kästchenmuster für Hüpfspiele auf den Boden kleben, zum Beispiel für das 7-Tage-Hüpfen:

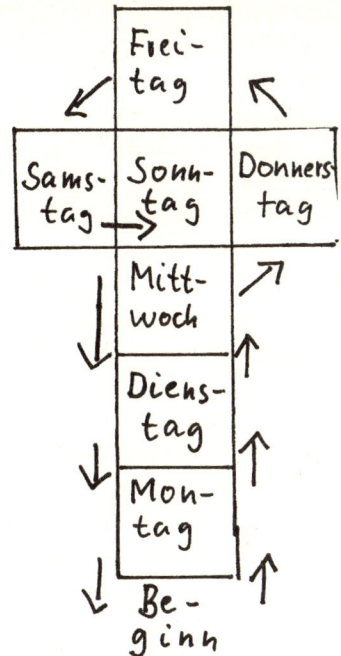

Ihr Kind kann zunächst einfach von Kästchen zu Kästchen in der abgegebenen Richtung gehen, dann mit beiden Beinen (ab ca. vier Jahren) hüpfen. Es soll dabei auf keine Striche treten. Später (mit ca. sechs Jahren) kann es versuchen, einen Teil des Musters oder auch schon alles auf einem Bein zu hüpfen.

Beim Spazierengehen gibt es viele Möglichkeiten, dieses Bewegungstraining fortzusetzen: Sie können über Äste, die am Boden liegen, springen, eine kurze Strecke auf einem Bein hüpfen, zwischen den Bäumen Fangen spielen, verschiedene Gangarten ausprobieren: Galoppsprünge, Rückwärtsgehen, Hopserlauf.

Der Hopserlauf ist eine Bewegungsform, die in meiner Kindheit gang und gäbe war, mittlerweile aber nur noch von wenigen Kindern beherrscht wird.

Überhaupt stelle ich bei meinen Schülern fest, daß gerade diejenigen, die nur über ein sehr eingeschränktes Bewegungsvokabular verfügen, fast immer auch Lern- und Verhaltensprobleme haben. Das wird verständlich, wenn wir daran denken, eine wie bedeutende Rolle Bewegungen für die neurologische Reifung spielen.

Diese Zusammenhänge kann ich hier nur andeuten, habe sie aber an anderer Stelle ausführlich dargestellt.[61]

Zurück zum Hopserlauf:

Das ist ein Vorwärtshüpfen, bei dem der Fuß, mit dem man gerade auftritt, ein Stück über den Boden schleift. Es ist diese Bewegung mit Worten nur sehr unzulänglich zu beschreiben und auch mit einem Bild nicht zu verdeutlichen, weil gerade das Charakteristische daran, das Über-den-Boden-Schleifen, nur in der Bewegung gezeigt werden kann.

Übungen für das Gleichgewicht

Jede Stimulierung des Innenohrs ist höchst wertvoll, das haben Sie schon weiter vorne gelesen.

Das Gleichgewichtsorgan bekommt über die Nervenkerne im Rückenmark ein Feedback aller Bewegungen. Besonders angeregt wird es, wie wir bereits gesehen haben, durch rhythmische Förderung. Auch gezielte Körperübungen können es wirkungsvoll stimulieren und stellen damit ebenfalls eine Art „Begabungstraining" dar.

Meiner Erfahrung nach wird durch Gleichgewichtsübungen die Konzentrationsfähigkeit deutlich verbessert. Hyperaktive, zappelige, unkonzentrierte Schüler haben so gut wie immer Probleme damit.

Daß jemand, der körperlich „auf wackeligen Beinen" steht, ständig um die Aufrechterhaltung seines Gleichgewichts ringen muß, auch seelisch nicht standfest und ausgeglichen ist, leuchtet ein und kann auch durch zahlreiche Beobachtungen belegt werden. In der Schule wird den Kindern bereits von Anfang an über einen großen Teil des Unterrichtsvormittags der Balanceakt des Sitzens abverlangt. Jemand, der das ohne Mühe bewältigen kann, wird sich vielleicht wundern, daß die so einfache Tätigkeit des Sitzens etwas Besonderes sein soll. Sie ist es aber. Das zeigt sich am deutlichsten an der zunehmenden Unfähigkeit der Schüler, dies zu tun. So wird heutzutage viel mehr auf den Stühlen herumgeturnt, geschaukelt, auch vom Stuhl gefallen als noch vor 10 oder gar 20 Jahren.

Bewegung, vor allem die rasche Bewegung, ist häufig ein Ausgleich für fehlendes Gleichgewichtsgefühl und fehlende Körperbeherrschung.

Es gehört ein wesentlich höheres Maß an Geschicklichkeit und Körperbeherrschung dazu, eine Bewegung langsam, formschön und fließend auszuführen als hektisch, rasch und ruckartig.

Ebenso erfordert das ruhige Sitzen auch weit mehr Gleichgewichtsgefühl als das Herumzappeln auf einem Stuhl. Nun gibt es aber viele Tätigkeiten, die beim Herumhampeln nicht mehr ausgeführt werden können, die also ein gewisses Maß an körperlicher Ruhe erzwingen: Schreiben, Rechnen im Heft, Lesen.

Diese ruhige Körperhaltung ist Kindern mit Gleichgewichtsdefiziten nur unter Aufbietung größter Anstrengung möglich, das heißt, sie verschlingt sehr viel Kraft, die dann beim Lernen abgeht. So arbeiten die betroffenen Schüler auch immer nur mit einem Bruchteil ihrer Energie an den eigentlichen Lernaufgaben. Sie können es einfach nicht besser. Weil sie aber im mündlichen Unterricht oft weit mehr wissen, als sie in selbständiger Arbeit dann zu Papier bringen, wird in Ermangelung stichhaltiger Erklärungen von „Konzentrationsschwäche" gesprochen.

Ich trainiere mit meinen Schülern täglich das Innenohr über rhythmische Bewegungen, gezielte Gymnastik und Gleichgewichtsübungen. Immer wieder kann ich feststellen, daß eine Verbesserung des körperlichen Gleichgewichts auch verbesserte Konzentrationsfähigkeit und mehr seelische Stabilität bringt.

Alles, was im vorigen Abschnitt zur Förderung der Gesamtkörperkoordination aufgeführt wurde, wirkt sich auch positiv auf das Gleichgewichtsgefühl aus.

Beide, Körperbeherrschung und Gleichgewichtsgefühl, sind wichtige Bausteine der neurologischen Entwicklung. Je solider die Basisfunktionen gefestigt werden, desto leichter fallen später die „höheren" Tätigkeiten, nicht nur im körperlichen, sondern auch im geistigen Bereich.

Bereits beim Säugling kann durch rhythmisches Wiegen und Schaukeln das Gleichgewichtsorgan im Innenohr angeregt werden.

Das gleiche geschieht, wenn ein Baby durch die Luft geschwenkt oder hochgehalten wird.

Stimulierend wirken auch (für Kinder, die bereits frei laufen können):

Kuckuck-Spiele, bei denen das Kind sich bückt und durch die gespreizten Beine kopfüber rückwärts schaut,

Purzelbäume,

Fliegerspiele, bei denen das Kind an einem Arm und Bein gehalten und im Kreis herumgewirbelt wird,

Schaukeln in Hängematten und auf Schaukeln.

Meine Tochter hatte in ihrem Zimmer jahrelang eine kleine Hängematte – ein ganz einfaches Modell aus dem Sportgeschäft: grünes Perlonnetz –, von der sie heute noch schwärmt.

Nun möchte ich noch einige Haltungsübungen erklären, die sich für ein gezieltes Gleichgewichtstraining eignen. Natürlich sollen auch sie wieder „zwischendurch und nebenbei", ohne Zwang und Leistungsdruck, ausgeführt werden. Gerade diese Übungen sind übrigens auch für gestreßte Erwachsene außerordentlich wohltuend und entspannend. Vielleicht stellen Sie sogar fest, daß die eine oder andere davon Ihnen selbst gar nicht so leicht fällt, besonders wenn Sie sich erschöpft und abgespannt fühlen. Dann erfahren Sie gleich am eigenen Leib, wie sehr unser Befinden sich auf unsere Körperbeherrschung auswirkt, wie sehr wir aber auch durch gezielte körperliche Übungen auf unser Befinden Einfluß nehmen können.

Übungsserie „Der Baum" zum Erlernen der entsprechenden Yoga-Haltung
Sie können bereits mit einem dreijährigen Kind beginnen, die leichteste Stufe – Stehen mit weit gegrätschten Beinen, offenen Augen und ausgebreiteten Armen (s. Erklärung weiter unten) – zu üben.

Die schwierigste Form (s. unten) mit eng gekreuzten Knöcheln, schwankenden Ästen und geschlossenen Augen wird es allerdings erst sehr viel später beherrschen, etwa mit fünf bis sechs Jahren.

Entscheidend für die Qualität der Förderung ist nicht, daß eine bestimmte Leistung besonders frühzeitig erbracht wird, sondern daß das Training Eltern und Kindern Spaß macht, daß es in kleinen Dosen „ganz nebenbei" erfolgt und niemals als lästige Pflicht empfunden wird und daß genügend Zeit für jede Entwicklungsstufe bleibt, damit das Kind wirklich reif für den nächsten Schritt ist.

Baum mit waagrechten Ästen
Ihr Kind steht mit waagrecht ausgebreiteten Armen.
Verschiedene Schwierigkeitsgrade:
Beine weit oder leicht grätschen,
Beine eng zusammen,
Knöchel kreuzen
Augen auf oder zu.

Der Baum kann nun – wenn die Grundstellung sicher beherrscht wird – hin- und herschwanken, ohne daß die Füße von der Stelle bewegt werden. Dadurch wird das Gleichgewichtsorgan beansprucht und trainiert, besonders wenn dieses Schwanken auch mit geschlossenen Augen ausgeführt wird.

Der Yoga-Baum
Diese Haltung erfordert ein hohes Maß an Körperbeherrschung und muß langsam eingeübt werden.
So sieht sie aus, wenn sie perfekt ist:

Kleine Kinder, ab etwa dreieinhalb oder vier Jahren fangen mit dieser Vorübung an:

Stehen auf einem Bein, anderes Bein mit dem Fuß auf dem Knöchel des Standbeines aufsetzen, Hände vor der Brust falten, Augen auf.

Die nächsten Schwierigkeitsgrade:

Zweiten Fuß auf dem Schienbein und dem Knie aufsetzen.

Die letzten Schritte zur Perfektion:

Hände vor dem Gesicht und über dem Kopf falten.

Lassen Sie sich mit dieser Übungsreihe Zeit. Die fortschreitende Verbesserung des Gleichgewichtsgefühls ist ein Maßstab neurologischer Reifung. Hier kann nichts erzwungen werden, weil jeder Zwang, jede Unlust Lernfortschritte erschweren, ja sogar verhindern können.

Hierzu Ernst Kiphard[62], der im folgenden ein hochinteressantes psychologisches Phänomen beschreibt:

„Wie die experimentelle Psychologie gezeigt hat, hängt die Schnelligkeit der Impulsbahnung während eines motorischen Lernvorgangs weitgehend von der Motivation ab. Es ist eine erwiesene Tatsache, daß der neurophysiologische Bahnungsprozeß durch Übungsfreude positiv beeinflußt wird. Mit anderen Worten: Wer fröhlich lernt, lernt besser! Über freudvolles, lustbetontes Üben läßt sich gerade bei koordinationsschwachen Kindern alles erreichen."

Deshalb gilt auch bei allen Haltungs- und Bewegungsübungen: Sie selbst müssen zuerst einmal aktiv werden und Ihrem Kind das vormachen, was es nachahmen soll.

Leistungen und Fortschritte Ihres Kindes – selbst wenn sie in Ihren Augen noch so gering sind – müssen freudig begrüßt werden. Die Begeisterung der Eltern ist der schönste Erfolg für ein Kind, und aus diesem Erfolgsgefühl heraus ist es motiviert, weiter zu üben und so seine Leistungen zu steigern.

Einen Augenblick auf einem Bein stehen zu können ist mehr, als das gar nicht zu können, und zehn Sekunden sind wiederum mehr als ein Augenblick. Diese Steigerungen mögen uns „nicht der Rede wert" erscheinen: Für ein Kind sind sie nennenswerte Fortschritte, die Beachtung verdienen.

Wenn Ihr Kind mit sechs Jahren, also bei seiner Einschulung, die Baum-Position für ein halbe bis eine Minute halten kann, ist es mit größter Wahrscheinlichkeit in der Lage, sich auch bei anderen Tätigkeiten zu konzentrieren.

Für die spätere schulische Lernfähigkeit besitzen die Gleichgewichtsmechanismen eine Schlüsselfunktion. Newell C. Kephart[63] führt in seinem Buch „Das lernbehinderte Kind im Unterricht" eine Untersuchung an, bei der Kinder einer ersten Klasse im Hinblick auf die Flexibilität ihres Gleichgewichtssinns getestet wurden.

Wir sprechen von einem flexiblen Gleichgewichtssinn, wenn wir verschiedene Bewegungen ausführen und Positionen einnehmen können, ohne aus dem Gleichgewicht zu geraten: auf einem Bein stehen, uns vorbeugen, mit einer Hand weit zur Seite oder nach vorne greifen, auf den Zehenspitzen gehen usw.

Ein starrer oder rigider Gleichgewichtsmechanismus liegt dann vor, wenn wir nur einen sehr geringen Bewegungsspielraum haben, ohne das Gleichgewicht zu verlieren.

In der zitierten Untersuchung wurden die Gleichgewichtswerte zu den schulischen Leistungen in Beziehung gesetzt, und es ergab sich ein deutlicher und durchgehender Zusammenhang zwischen den beiden Bereichen:

Kinder, die über ein besseres Gleichgewichtssystem verfügten, erbrachten auch bessere Schulleistungen.

Aufbauübungen: Die Koordination von Armen und Beinen

Bewegungsentwicklung erfolgt nicht in starr voneinander abgegrenzten Stufen, sondern mit fließenden Übergängen. So beginnen Übungen zur Koordination von Armen und Beinen schon sehr früh, nämlich in der Krabbelphase. Das aufeinander abgestimmte Bewegen eines Beines und des entgegengesetzten Armes ist **die** Übung schlechthin, um spätere höhere Hirnfunktionen zu erleichtern.

So ist denn auch die Fortsetzung dieser Tätigkeit auf einer neurologisch komplexeren Ebene höchst sinnvoll: das freie Gehen. Ein koordiniertes Gangmuster erfordert aufeinander abgestimmte Arm- und Beinbewegungen: Während das rechte Bein nach vorne ausschreitet, schwingt der linke Arm vor und umgekehrt. Deshalb ist das häufige, am besten tägliche Spazierengehen mit Ihrem Kind geradezu ein Muß im Hinblick auf eine solide Bewegungsentwicklung. „Solide" soll hier heißen, daß die Betonung auf dem Grundlegenden, Unspektakulären liegt, das die Voraussetzung für alles Weitere bildet. Natürlich „macht es mehr her", wenn kleine Kinder schon Skifahren und Tennisspielen lernen. Es behindert jedoch die natürliche Entwicklung eher, als daß es sie fördert.

Wie viele Kinder sportlich ehrgeiziger Eltern habe ich schon kennengelernt, die zwar einseitig auf bestimmte Fähigkeiten trainiert waren, die aber weder koordiniert gehen noch laufen oder springen konnten, von komplizierteren Sachen wie rhythmisch klatschen oder tanzen ganz zu schweigen!

Gehen Sie also mit Ihrem Kind spazieren! Nutzen Sie die Zeit, die Sie so mit ihm verbringen, zu Gesprächen, bestimmen Sie Pflanzen, halten Sie Ausschau nach Tieren, erklären Sie ihm „die Welt". So sind diese täglichen Spaziergänge auf vielfache Weise nützlich.

Achten Sie beim Gehen darauf, daß die Arme locker schwingen: Sie können ja immer wieder eine kurze Strecke betont „marschieren", später, wenn das Ihrem Kind leicht möglich ist, auch ein kleines Stück laufen. Denken Sie jedoch daran: Es kommt nicht auf ein Ausdauertraining an, sondern auf die Ausbildung koordinierter Bewegungsmuster.

„Schönes" Gehen mit über Kreuz bewegten Armen und Beinen kann sogar Defizite ausgleichen, die durch eine zu kurze Krabbelphase entstanden sind.

Sie erinnern sich: In der Krabbelphase wird der Grund für eine reibungslose Zusammenarbeit zwischen den beiden Hirnhemisphären gelegt, da sich rechte und linke Hemisphäre ständig über die Leitungen des Balkens, der sie verbindet, „absprechen" müssen, damit die Bewegungen der beiden Körperhälften aufeinander abgestimmt werden.

Beim schwungvollen Gehen „über Kreuz" (rechter Arm, linkes Bein, usw.) müssen ebenfalls durch ständige Kommunikation der beiden Hemisphären via Balken Arm- und Beinbewegungen koordiniert werden. Es erfolgt also im Grundsatz das gleiche neurologische Training wie beim Krabbeln. „Im Grundsatz" deshalb, weil der ideale Zeitpunkt für diese Über-Kreuz-Bahnung das Krabbelalter ist, weil aber auch bei späterer Aktivität noch einiges von dem, was damals eventuell versäumt wurde, nachgeholt werden kann.

Eine wirkungsvolle Möglichkeit, die Zusammenarbeit der beiden Gehirnhälften zu fördern, ist das Überkreuzturnen zu schwungvoller Musik.

Wieder muß die Motivation von Ihnen ausgehen: Sie legen eine geeignete Platte auf, am besten Kinderlieder, amerikanische Square Dances oder eine andere Musik mit ausgeprägtem Vierertakt.

Zu dieser Musik können Sie nun mit betonten Bein- und Armbewegungen im Zimmer herummarschieren oder auch auf der Stelle Bewegungen ausführen, bei denen immer ein Bein und der entgegengesetzte Arm aktiviert werden.

Wenn Ihr Kind drei bis vier Jahre alt ist, können Sie mit dieser Gymnastik beginnen: langsam, spielerisch, ohne Leistungsdruck, in kleinen Dosen.

Wichtig auch hier: **Sie** müssen das vormachen, was Ihr Kind nachahmen soll. Wenn Sie überhaupt keinen Spaß daran haben, werden Sie Ihr Kind nicht dazu animieren können.

Gerade diese Überkreuzbewegungen sind übrigens, genauso wie die Gleichgewichtsübungen aus dem vorigen Abschnitt, nicht nur „Kinderkram", sondern auch für Erwachsene als Ausgleich für zu langes Sitzen höchst wohltuend und nützlich. Sie werden feststellen, daß drei Minuten schwungvolles Überkreuzturnen – also die übliche Dauer eines Musikstückes – Sie wieder munter macht, wenn Sie müde und abgespannt sind. Nutzen Sie deshalb die Gelegenheit, Ihrem Kind zu zeigen: „Bewegung macht fit!" und sich zugleich selbst etwas Gutes zu tun.

Weiteres Koordinationstraining

Ballspiele fördern die Koordination auf einer höheren Stufe: Augen und Hände müssen zusammenarbeiten, die Aktivitäten beider Hände müssen beim Fangen aufeinander abgestimmt werden, der Körper muß sich in eine günstige Position begeben, damit der Ball „erwischt" wird.

Mit etwa sechs Jahren sind Kinder neurologisch reif für diese Spiele.

Wesentlich langsamer als ein Ball ist ein Luftballon.

Schon drei- und vierjährige Kinder haben Spaß daran, ihn auf dem Boden mit Händen oder Füßen vor sich her zu treiben, ihn in die Luft zu werfen und entweder seinem Fall zuzusehen oder zu versuchen, ihn aufzufangen. Der Luftballon kann auch – bei zunächst geringem und je nach Können immer größer werdendem Abstand – zwischen Mutter und Kind hin und her gerollt und geworfen werden.

In dem Jahr, bevor Ihr Kind in die Schule kommt, ist es dann reif für die verschiedenen Ballspiele, mit denen Kinder sich früher stundenlang vergnügt und so – „ganz nebenbei" – ein erhebliches neurologisches Trainingspensum absolviert haben.

Ein Beispiel dafür ist das folgende Balltraining – wir nannten es „Ballschule" – mit dem ich in meiner Kindheit ganze Nachmittage verbrachte.

Balltraining
Das Trainingsziel ist, daß jede einzelne Übung zehnmal hintereinander ohne Fehler durchgeführt werden kann.

Danach wird zum nächsten Schwierigkeitsgrad übergegangen.

1. Ball auf den Boden prellen und wieder auffangen.
2. Ball an die Wand werfen und auffangen.
3. Ball an die Wand werfen, danach auf den Boden prellen lassen und auffangen.

4. Ball an die Wand werfen, in die Hände klatschen und auffangen.
5. Ball an die Wand werfen, sich einmal um sich selbst drehen, auffangen.

Wenn die einzelnen Stationen – oder wenigstens die ersten drei – dieses Trainings einigermaßen beherrscht werden, kann damit das alte Spiel „Kirschen gegessen, Wasser getrunken" gespielt werden.

Bei jedem Fehler, also immer, wenn das Ballfangen nicht gelingt, wird der Reihe nach einer der folgenden Sätze gesprochen:

Kirschen gegessen – Wasser getrunken – Bauchweh bekommen – Doktor geholt – Krankenhaus gefahren – Narkose bekommen – Bauch aufgeschnitten – Bauch zugenäht – sechs Wochen krank.

Also: 1. Fehler – Kirschen gegessen
2. Fehler – Wasser getrunken usw.

Diese „Ballschule" soll möglichst absolviert werden, ohne daß es zur Operation oder gar zu „sechs Wochen krank" kommt.

Auch dieses Spiel können Sie mit Ihrem Kind gemeinsam machen. Wenn Sie einen Tennisball benutzen und Ihr Kind einen schönen großen Kinderball, dann sind die Chancen in etwa vergleichbar.

Zusammenfassung

Über Bewegungen wird Reifung des Gehirns gefördert. So steht die Förderung einer natürlichen Bewegungsentwicklung gleichbedeutend neben den anderen bisher genannten Bereichen. Beim Säugling und Kleinkind muß sich das Augenmerk zunächst darauf richten, ihm eine ungehinderte, selbständige Erarbeitung grundlegender Bewegungsmuster zu ermöglichen.

Kann das Kind frei und sicher gehen, sind gezielte Bewegungsübungen sinnvoll, die es gemeinsam mit seinen Eltern, ohne Zwang und Leistungsdruck, immer dann, wenn sich eine gute Gelegenheit hierfür bietet, durchführen soll.

Dabei ist besonders auf das Training des Gleichgewichtssinns und das Einüben eines koordinierten Bewegungsmusters – über Kreuz – beim Gehen zu achten.

Tägliche Spaziergänge und Überkreuzturnen nach schwungvoller Musik fördern die Zusammenarbeit beider Gehirnhälften und bereiten so das spätere schulische Lernen vor.

Ballspiele trainieren besonders die Augen-Hand-Koordination, die für erfolgreiches Schreibenlernen, aber auch für das Lesenlernen und generell für alle feinmotorischen Tätigkeiten Bedeutung besitzt.

Vom ersten Lebenstag bis zum freien Gehen

Alter	Tätigkeit	zu vermeiden
1 bis ca. 17 Wochen	freies Strampeln, auf dem Rücken liegend, immer schwungvolleres Abheben von der Unterlage nach einer Seite	Bewegungseinengung durch schwere Decken, Schlafsack, zu kleines Bett, Babywippe, zu häufiges Tragen im Tragetuch
ca. 18 bis 24 Wochen	schwungvolles Strampeln, dabei Drehen nach einer Seite und wieder zurück auf den Rücken	wie oben
ca. 25 bis 30 Wochen	Drehen auf den Bauch, Aufstützen der Arme auf dem Boden, Heben des Kopfes für längere Zeit	wie oben außerdem: Hinsetzen des Kindes

ca. 30 bis 39 Wochen	Zurückdrehen aus der Bauch- in die Rückenlage, Herumrollen und -wälzen im Zimmer als erste selbständige Fortbewegung	wie oben außerdem: alles, womit sich das Kind verletzen könnte
ca. 40 bis 45 Wochen	Fortbewegung durch Kriechen auf dem Bauch	wie oben außerdem: Aufstellen des Kindes
ca. 46 Wochen bis 15 Monate	Krabbeln auf Händen und Knien	wie oben außerdem: Führen des Kindes, um ihm das Gehen zu ermöglichen
ab 16. bis 18. Monat	erste freie Schritte des Kindes, allmählich immer sicherer werdend	wie oben

Übungen für das Gleichgewicht

Ab wann?	**Was Sie tun können**
beim Säugling	rhythmisches Wiegen Krabbelspiele
ca. 3. Monate	Baby durch die Luft schwenken
2 Jahre	Kuckuck-Spiele: durch gespreizte Beine kopfüber rückwärts schauen
2 bis 3 Jahre	Purzelbaum Fliegerspiele: Kind an Arm und Bein halten, im Kreis herumwirbeln Schaukeln in Hängematten und Schaukeln
3 bis 5 Jahre	die verschiedenen Übungen für den Baum mit waagrechten Ästen
5 bis 6 Jahre	Aufbau des Yoga-Baums

Übungen für die Gesamtkörperkoordination

Ab wann?
Beginnend mit 2 bis 3 Jahren
bis zu 6 Jahren

Was Sie tun können
Übungen auf dem Tesa-Streifen
mit steigendem Schwierigkeitsgrad:
krabbeln
gehen, vorwärts und rückwärts
balancieren, vorwärts und
rückwärts
Galoppsprünge
Seitengalopp
hüpfen auf einem Bein
Zickzacksprünge

4 Jahre

über das „Wasser" aus den
zwei parallelen Klebestreifen
springen

Beginnend mit ca. 4 Jahren
bis zu 6 Jahre

7-Tage-Kästchen mit steigendem
Schwierigkeitsgrad:
erst gehen, dann hüpfen mit
beiden Beinen, dann hüpfen auf
einem Bein

Übungen für die Koordination der Extremitäten

Ab wann?
ab ca. 2 Jahren

Was Sie tun können
tägliches Spazierengehen
betontes Marschieren
kurze Strecken laufen

ab ca. 3 Jahren

Überkreuzturnen nach Musik

ab 2–3 Jahren

Luftballonspiele

ab 5–6 Jahren

Ballschule

Schlußgedanken

Beneidenswert sind – besonders in unserer heutigen Zeit – diejenigen Kinder, die in den ersten Lebensjahren eine vielseitige und grundlegende Förderung erfahren dürfen.

Die wichtigsten Bereiche habe ich so ausführlich wie möglich besprochen.

Eines will ich hier wenigstens noch in Stichpunkten ansprechen:

Daß Fernsehen für die gesunde Entwicklung Ihres Kindes keinerlei Stellenwert besitzt, ist sicher schon zwischen den Zeilen deutlich geworden. Dabei geht es gar nicht in erster Linie um die Inhalte, sondern um die Tätigkeit an sich, die Kinder im Vorschulalter neurologisch einfach überfordert. Die Zeit, die passiv und sitzend verbracht wird, schadet einerseits und geht andererseits auch noch für sinnvolle Tätigkeiten verloren.

Kinder müssen aktiv sein, *selber* sprechen, *selber* singen, *selber* handeln, sich *selber* bewegen, damit ihr Nervensystem die nötigen Impulse bekommt, um zu einer Entwicklungsstufe heranzureifen, die ihm erfolgreiches schulisches Lernen ermöglicht.

Der Bildschirm hat in der neurologischen Welt des Vorschulkindes noch keinen Platz!

Das gilt in ganz besonderem Maße für alle Computerspiele. Ich bin keineswegs gegen Computer, sondern vertrete durchaus die Meinung, daß das Umgehen mit ihnen heutzutage einfach „dazu" gehört. Alle meine Bücher entstehen am Computer. Ich könnte mir gar nicht mehr vorstellen, sie wie früher an der Schreibmaschine zu schreiben.

Wenn Ihr Kind einmal 14 oder 15 Jahre alt ist, sollten Sie sich unbedingt einen PC anschaffen. Sie werden sehen, in wie kurzer Zeit Ihr Sohn oder Ihre Tochter souverän mit dem Gerät umgehen. Sie sind denjenigen Altersgenossen, die bereits mit vier Jahren Kurse für „Computerkids" besucht haben, keineswegs unterlegen, sondern haben den großen Vorteil, daß ihre neurologische Entwicklung ungestört und deshalb viel gründlicher und erfolgreicher verlaufen ist als bei Kindern, die ständig überfordert waren.

Nichts kann für Ihr Kind besser sein als eine verantwortungsbewußte, überlegte und gezielte Förderung in den grundlegenden Bereichen, die hier angesprochen wurden.

Diese Art der Förderung mag vielleicht etwas unbequem sein, erfordert sie doch von den Eltern, daß sie sich häufig und liebevoll mit ihrem Kind beschäftigen. Andererseits ist aber auch alles, was in diesem Buch vorgeschlagen wurde, einfach und ohne weiteres im Alltag mit Ihrem Kind unterzubringen. Nicht das „Intelligenz-Training" als tägliches Muß, sondern der fördernde Alltag als spielerisches und streßfreies Nebenbei ist für Eltern und Kind am gewinnbringendsten.

So wird mit einer gezielten, liebevollen Förderung weit mehr erreicht als nur das vordergründig Sichtbare: Sie arbeiten an der „neurologischen Mitgift", die Sie Ihrem Kind auf seinem Weg ins Leben mitgeben. Das ist etwas, was ihm nie mehr genommen werden kann, und deshalb lohnt es sich bestimmt, „fleißig mit Ihrem Kinde umzugehen!"

Literatur

Verlag und Autorin danken Verlagen und Autoren für die Genehmigung zum Abdruck der Gedichte.

1) *Franz Binder, Josef Wahler. Zucker – nein danke, Heyne Verlag, München, 1987*
2) *Glenn Doman: Was können Sie für Ihr hirnverletztes Kind tun, Hyperion Verlag, Freiburg, 1980, S. 244*
3) *ebenda, S. 246f.*
4) *ebenda, S. 244f.*
5) *Joachim-Ernst Berendt: Ich höre – also bin ich, Bauer Verlag, Freiburg, 1989, S. 317*
6) *Alfred Tomatis: Der Klang des Lebens, Rowohlt Verlag, Reinbek bei Hamburg, 1990, S. 35ff.*
7) *ebenda*
8) *ebenda, S. 51ff.*
9) *Eine kleine Zauberflöte, CD, Phonogramm GmbH, Hamburg, 179*
10) *Waltraute Macke-Brüggemann, Kurt Brüggemann: Die Zauberflöte, Max Hieber Verlag, München, 1984*
11) *Alfred Tomatis, a.a.O., S. 59*
12) *Christina Buchner: Stillsein ist lernbar, VAK, Freiburg, 1994, S. 9f.*
13) *in: Marie Winn: Die Droge im Wohnzimmer, Rowohlt Verlag, Reinbek bei Hamburg, 1979, S. 28*
14) *Joachim-Ernst Berendt, a.a.O., S. 323*
15) *ebenda, S. 323*
16) *Alfred Tomatis, a.a.O., S. 197*
17) *Hans Magnus Enzensberger: Allerleirauh, Insel Verlag, 1979*
18) *Enzensberger, a.a.O.*
19) *Fidula Verlag, Boppard am Rhein*
20) *Anneliese Gaß-Tutt: Tanzkarussell 1, Fidula-Verlag, Boppard am Rhein, 1972*
21) *Oliver Sacks: Der Mann, der seine Frau mit einem Hut verwechselte, Rowohlt Verlag, Reinbek bei Hamburg, 1987, S. 23ff.*
22) *Das große Liederbuch, Diogenes Verlag, Zürich, 1975*

23) V. E. Negus, The Mechanism of the Larynx, W. M. Heinemann, Medical Books Ltd., 1929, zitiert in: Tomatis, a. a. O.
24) Ulrich Oevermann: Schichtspezifische Formen des Sprachverhaltens und ihr Einfluß auf die kognitiven Prozesse, in: Heinrich Roth (Hrsg.), Begabung und Lernen, Klett Verlag, Stuttgart, 1971, S. 311 ff.
25) Oevermann, a. a. O., S. 310
26) Marie Winn, a. a. O., S. 58
27) Bruce Chatwin: Traumpfade, Fischer Verlag, Frankfurt am Main, 1992
28) Lotte Schenk-Danzinger, Entwicklungspsychologie, Österreichischer Bundesverlag für Unterricht, Wissenschaft und Kunst, Wien, 1972, S. 59
29) Harry Garms, Pflanzen und Tiere Europas, Deutscher Taschenbuch Verlag München, 1993
30) Christina Buchner: Theaterspaß zum Selbermachen, Oldenbourg Verlag, München, 1991, S. 5
31) Bruno Bettelheim, Kinder brauchen Märchen, Deutscher Taschenbuch Verlag, München, 1993
32) Josephine Siebe, Kasperle auf Reisen und alle anderen Kasperlebände, Herold Verlag, Stuttgart.
Diese Kasperlebücher sind inzwischen fast alle vergriffen, sind aber in vielen städtischen Büchereien vollständig vorhanden und außerdem noch leicht antiquarisch zu finden.
33) Bruno Bettelheim: Ein Leben für Kinder, Deutsche Verlags-Anstalt, Stuttgart, 1987, S. 388
34) Beatrix Potter: Peter Hase, Die zwei schlimmen Mäuse, Emma Ententropf und viele andere Bände, alle im Diogenes Verlag Zürich
35) Das große Beatrix Potter Geschichtenbuch, Diogenes Verlag, Zürich, 1992
36) Kenneth Grahame, illustriert von Eric Kincaid: Wind in den Weiden, Bertelsmann Verlag, München, 1988; <u>Achtung</u>: Wichtig sind die Illustrationen von Eric Kincaid! Sie machen diese Ausgabe so besonders reizvoll!
37) Josephine Siebe: Im Hasenwunderland, Deutscher Taschenbuch Verlag, München, 1980
38) Otfried Preußler: Der Räuber Hotzenplotz, Der kleine Wassermann, Das kleine Gespenst, Die kleine Hexe, alle bei Thienemann Verlag, Stuttgart

39) Astrid Lindgren: Die Kinder aus der Krachmacherstraße, Michel aus Lönneberga, Pippi Langstrumpf, die Kinder aus Bullerbü, Madita, Kalle Blomquist, Mio, mein Mio, Die Brüder Löwenherz, alle bei Oetinger Verlag, Hamburg
40) Barbara Bartos-Höppner, Schnüpperle, Bertelsmann Verlag, München, 1969
41) Sven Nordqvist: Morgen, Findus, wird's was geben, Oetinger Verlag, Hamburg, 1995
42) Josef Guggenmos: Was denkt die Maus am Donnerstag, © Georg Bitter Verlag, Recklinghausen
43) Friedrich Güll: Kletterbüblein, in: Bayerisches Lesebuch für das zweite Schuljahr, Bayerischer Schulbuchverlag, München, 1954
44) Josef Guggenmos: Ich will dir was verraten, © Beltz Verlag, Weinheim und Basel, 1992, S. 89
45) James Krüss: Bienchen, Trinchen, Karolinchen, Deutscher Taschenbuch Verlag, München, 1972, S. 82 f. © Boje Verlag GmbH, Erlangen
46) Das Sprachbastelbuch, Verlag J.F. Schreiber GmbH, Esslingen © bei den Autoren S. 86
47) ebenda, S. 86
48) ebenda, S. 62
49) ebenda
50) Elisabeth Borchers: Und oben schwimmt die Sonne davon, Ellermann Verlag, München, 1965, © Elisabeth Borchers
51) Ludwig Reiners: Der ewige Brunnen, C. H. Beck Verlag, München, 1982
52) Karl Otto Conrady: Das große deutsche Gedichtbuch, Artemis & Winkler Verlag, München und Zürich, 1991
53) Johann Wolfgang von Goethe: Goethes Gedichte, Insel Verlag, Frankfurt am Main, 1982, S. 215
54) Emmi Pikler: Laßt mir Zeit, Pflaum Verlag, München, 1988
55) ebenda
56) ebenda, S. 172 f.
57) ebenda, S. 35 ff.
58) Ernst J. Kiphard, Bewegungs- und Koordinationsschwächen im Grundschulalter, Verlag Hofmann, Schorndorf, 1980
59) Paul Dennison: Brain-Gym, VAK Freiburg, 1995
60) Christina Buchner: Brain-Gym & Co., VAK Freiburg, 1997
61) ebenda
62) Ernst J. Kiphard, a. a. O., S. 99
63) Newell C. Kephart, Das lernbehinderte Kind im Unterricht, Ernst Reinhardt Verlag, München Basel, 1977

Weiterführende Literatur für interessierte Leser:

Zum Thema Ernährung:
Franz Binder, Josef Wahler: Zucker – nein danke, Heyne Verlag, München, 1987

Zum Thema Konzentration:
Christina Buchner: Stillsein ist lernbar, VAK Freiburg, 1994

Zum Thema Bewegung:
Christina Buchner: Brain-Gym und Co – kinderleicht ans Kind gebracht, VAK Freiburg, 1997

Kinder fördern und verstehen

Dagmar C. Walter
Bach-Blüten für die Kinderseele
Die Entwicklung von Kindern fördern und stärken
Band 4551
Das praxisorientierte Handbuch: Alles über Anwendung und Wirkungsweise der Bach-Blüten-Therapie.

Gerhard Knecht
Streetball, Action, Abenteuer
Neue Spielideen für Kinder in der Stadt
Band 4543
Gerard Knecht hat zusammen mit Kindern viele spannende Spielräume und Spielmöglichkeiten in der Stadt entdeckt.

Daniela Blickhan
Nerv nicht so, Mama!
Wie Eltern sich und ihren Kindern mit NLP helfen können
Band 4535
Schwierige Kinder gibt es nicht! Es gibt jedoch schwierige Situationen. NLP hilft, die Kinder besser zu verstehen.

Beth MacEoin
Homöopathie für Babys und Kinder
Sanft und wirksam heilen – der Leitfaden für Eltern
Band 4527
Die erfahrene Ärztin und Homöopathin zeigt, was hilft: von Zahnen bis zu Insektenstichen. Das praktische Hausbuch.

Patricia Aden
Autogenes Training mit Kindern und Jugendlichen
Ein praktischer Leitfaden für Eltern und Erziehende
Band 4512
Wie Kindern seelischen Streß und auch körperliches Unbehagen bewältigen und das Gelernte in den Alltag mitnehmen können

HERDER / SPEKTRUM

Ulrike und Christa Marwedel
Was Kinder brauchen – was Eltern gut tut
Transaktionsanalyse für den Familienalltag
Band 4509
Erziehungsansprüche der Eltern und Wünsche der Kinder prallen oft heftig aufeinander. Die Autorinnen raten: gut zu sich selbst sein – nur so kann es auch den Kindern gutgehn.

Xenia Frenkel
Was tut die Bananenschale unterm Bett?
Im Kinderchaos Nerven bewahren und Spielregeln finden
Band 4499
Kinder brauchen das kreative Chaos, aber auch klare Grenzen. Wie Eltern bestimmte Regeln schaffen können.

Walter Pacher
Wenn Kinder keine Grenzen kennen
Konflikte lösen ohne Machtanwendung
Band 4494
Wie die Methode der Familienkonferenz erfolgreich sein kann, zeigt Walter Pacher mit vielen Beispielen und Übungen.

Dr. med. Helmut Niederhoff
Kinderkrankheiten von A-Z
Schnell erkennen – Richtig reagieren – Umfassend vorbeugen
Band 4482
Das Hausbuch: alles, was man wissen muß, um ein gesundes Kind zu haben. Prägnant, verständlich und auf dem neuesten Stand.

Birgit Fuchs
Tortellini und Bambini
101 phantasievolle Beschäftigungen für Kinder, deren Eltern gerade etwas anderes zu tun haben
Band 4473
Für einen ungestreßten Alltag mit den Kleinen. Viel Vergnügen!

Uta Brückner/Heike Friauf
Ich freu mich auf die Schule
Was Eltern bei der Einschulung und für die Grundschulzeit
wissen müssen
Band 4472

Ein unentbehrliches Nachschlagewerk: praxisnah, konkret und
detailliert.

Heiner Barz
Kindgemäßes Lernen
Was die Waldorfschule anders macht
Band 4466

Kreatives Lernen, das den Kindern Freude macht: Der Erziehungs-
wissenschaftler und ausgebildete Waldorflehrer Heiner Barz erklärt das
Konzept der Waldorfschule.

Marianne Sedivy
Über Gott und Gummibärchen
Überraschende Geschichten und tiefe Gedanken aus Kindermund
Band 4464

Spontane, spirituelle Einsichten von Kindern zum Schmunzeln und
Nachdenken.

Charles A. Smith
Hauen ist doof
Miteinanderspiele – Anregungen und Tips für Eltern und
Erziehende
Band 4460

Spielen ohne Aggression: wie Kinder ganz nebenbei lernen, Gefühle zu
zeigen, sich zu verständigen und Hilfe anzubieten. Phantasievolle
Spielideen für Kids.

Christine Brasch
Der gute Ton für kleine Rüpel – und entnervte Eltern
Band 4458

Der tägliche Kampf um Bitte und Danke hat ein Ende: ganz konkrete
und erprobte Hinweise zum Was und Wie des guten Benehmens.

Helga Hoff
Märchen geben Kindern Mut
Ein Buch zum Vorlesen, Malen, Spielen
Band 4385
Die kompetente Pädagogin lädt mit ihren Spielmärchen Kinder ein, der verunsichernden – weil für sie unverständlichen – Welt zu entkommen.

Günter Harnisch
Was Kinderträume sagen
Traumbilder verstehen, deuten, gestalten – Mit einem Lexikon der Traumsymbole
Band 4378
Es ist gar nicht so schwer, die Sprache des Kindertraumes zu entschlüsseln. Dieses Buch gibt dafür ganz konkrete Hilfen.

Maria Montessori
Lernen ohne Druck
Schöpferisches Lernen in Familie und Schule
Band 4371
Ein Buch, das zeigt, wie Kinder selbst entscheiden und gut vorankommen können.

Sabine Bernau
Hilfen für den Zappelphilipp
Das Selbsthilfe-Elternbuch
Band 4368
Alle notwendigen Informationen zur Hyperaktivität. Erfahrungsberichte von Eltern und Tips zur Selbsthilfe.

Karin Dörner/Christiane Nebel/Alexander Redlich
Geschichten für gestreßte Kinder
Vorlesegeschichten zum Entspannen und Mutigwerden
Band 4362
Im Miterleben dieser packenden, Abenteuer- und Alltagsgeschichten lernen Kinder, wie sie sich entspannen und mutig an ihre Probleme herangehen können.

HERDER / SPEKTRUM

Armin Krenz
Kinderfragen gehen tiefer
Hören und verstehen, was sich hinter Kinderfragen verbirgt
Band 4357

Eltern kommen ihren Kindern näher, wenn sie richtig auf die Fragen ihrer Kinder eingehen können.

Renate Zimmer
Schafft die Stühle ab!
Bewegungsspiele für Kinder
Band 4345

Kinder wollen laufen, springen und toben. Bloß wo? Mit einfachen Veränderungen kann man Wohnungen, Garten und Hof freier und offener gestalten.

Eva Zoller
Die kleinen Philosophen
Vom Umgang mit „schwierigen" Kinderfragen
Band 4344

Typische Kinderfragen können einem häufig die Sprache verschlagen. Eva Zoller erschließt den „Großen" neue Möglichkeiten, ihren „Kleinen" zu begegnen.

Monika Hoffmann-Kunz
Lieben statt verwöhnen
Kindern Zuneigung schenken und Grenzen setzen
Band 4323

Das Dauerthema: Wie Eltern den richtigen Weg zwischen Liebe und Verwöhnen finden können.

Janusz Korczak
Der kleine König Macius
Eine Geschichte in zwei Teilen für Kinder und Erwachsene
Die vollständige Ausgabe
Band 4322

Als Kind schon wird Macius nach dem Tod seines Vaters König. Das erfolgreichste Werk des großen Pädagogen zeigt, wie Kinder Erwachsene sehen und was sie von ihnen und vom Leben erwarten.

Reinhold Bergler
Warum Kinder Tiere brauchen
Informationen, Ratschläge, Tips
Band 4319

Ein Haustier kann für Kinder viel bedeuten. Daher ist es wichtig zu wissen, welche Tiere für Kinder geeignet sind und worauf es beim Zusammenleben ankommt.

Karin Neuschütz
Lieber spielen als fernsehen
Alternativen, die Kindern mehr Spaß machen
Band 4315

Wußten Sie, daß sich Kinder immer fürs Spielen statt Fernsehen entscheiden würden? Vor allem, wenn auch mal die Eltern mitmachen. Kreative Tips und Anregungen für Spiel- und Bastelstunden.

Manfred Bönsch
Die beste Schule für mein Kind
Was Eltern wissen sollten, wenn sie sich auf dem „Schulmarkt" umsehen
Band 4306

Ein Ratgeber, der umfassend über die verschiedenen Schuleinrichtungen informiert und Eltern den Mut macht.

Bruno Bettelheim
Zeiten mit Kindern
Band 4292

Hier sind die praktischen Erkenntnisse des bekannten Kinderpsychologen, sowie seine tiefsten und schönsten Einsichten in einem Werk zusammengeführt.

Maria Montessori
Kinder lernen schöpferisch
Die Grundgedanken für den Erziehungsalltag mit Kleinkindern
Band 4262

Vom Kind aus denken! Dieser Ansatz der genialen Pädagogin und Begründerin der Montessori-Schule hilft Eltern, Kinder als eigenständige Individuen zu fördern.

HERDER / SPEKTRUM

Ingeborg Becker-Textor
Unser Kind soll in den Kindergarten
Ein neuer Schritt für Eltern und Kinder
Band 4219

Kindergarten – ein neuer Lebensabschnitt. Hoffnungen, Erwartungen, Ängste. Praktische Tips für das Miteinander von Eltern, Kindern und ErzieherInnen.

Armin Krenz
Seht doch, was ich alles kann
Was uns Kinder sagen wollen
Band 4209

Die Innenwelt des Kindes. Ein Buch, das die Vielfalt kindlicher Ausdrucksformen lesbar macht und hilft, Fähigkeiten besser zu entfalten.

Rudolf Dreikurs/Loren Grey
Kinder lernen aus den Folgen
Wie man sich Schimpfen und Strafen sparen kann
Band 4055

Ein Erziehungsstil, der Kindern frühzeitig dazu verhilft, eigenständige Erfahrungen zu sammeln und mit Freiheit richtig umzugehen.

Peter Veith
Eltern machen Kindern Mut
Zuhören, achten, verstehen lernen
Mit vielen Skizzen und Piktogrammen
208 Seiten, Klappenbroschur
ISBN 3-451-26284-3

Wie Kinder gestärkt werden – ohne Vorwürfe, Kritik und Strafe.

Karin Schaffner
Mit allen Sinnen die Welt erfahren
Geschichten und Spielanregungen für Kinder und Eltern
128 Seiten, Klappenbroschur
ISBN 3-451-26283-5

Spiel und Spaß für Erwachsene und Kinder – und wie Kinder dabei lernen können.

HERDER

Ursel Maurer/Edith Stephens (Hrsg.)
Halt mich ganz fest, daß ich deine Liebe spüre
Vorwort von Jirina Prekop
160 Seiten, Klappenbroschur
ISBN 3-451-26248-7
Kinder brauchen festen Halt – auch physisch. Ein praktischer Leitfaden.

Daniela Liebich
Mit Kindern richtig reden
Wirksam erzählen, ermahnen, erklären
160 Seiten, Klappenbroschur
ISBN 3-451-26155-3
Regeln und Tips für ein lebendiges Miteinander – ohne Streß und Frust.

Gisela Preuschoff
Kinder zur Stille führen
ca. 160 Seiten, Klappenbroschur,
Meditative Spiele, Geschichten und Übungen
ISBN 3-451-23897-7
Die Autorin gibt konkrete Tips, wie Kinder auf den Weg der Ausgeglichenheit zurückgeführt werden können.

Armin Krenz
Was Kinderzeichnungen erzählen
Mit 8 Farbtafeln und zahlreichen s/w Abbildungen,
192 Seiten, Klappenbroschur
Kinder in ihrer Bildersprache verstehen
ISBN 3-451-23695-8
Symbole und Farben aus Kinderzeichnungen, erklärt von dem erfahrenen Therapeuten und Pädagogen Armin Krenz.

Gertrud Kaufmann-Huber
Kinder brauchen Rituale
Ein Leitfaden für Eltern und Erziehende
160 Seiten, Paperback
ISBN 3-451-23574-9
Rituale sind wichtig für die kindliche Entwicklung, aber die richtigen müssen es sein.

HERDER